白い糸で編むセーターの本　サイチカ　文化出版局

CONTENTS

- A 葉脈のセーター 4
- B エプロンドレス 6
- C ダイヤモンドのアランセーター 8
- D ライダースミトン 10
- E おくるみジャケット 12
- F 玉のセーター 14
- G 生命の森の丸ヨークアランセーター 16
- H 雪ん子ルームシューズ 18
- I 絵描きのスモッキングセーター 20
- J/K カシミヤのタンクトップとセーター 22
- L 野いちごのセーター 24
- M 哲学者のストール 26
- N 冬の帽子 28
- O マニッシュなベスト 30
- P 靴下かかとのバッグ 32
- Q スモッキングのミトン 33
- R 寄せては返す波のストール 34

編み方ポイントレッスン 36

編み方 41

基礎テクニック 90

舟越桂さんの『冬の本』という名の彫刻に触発されて、
白い糸とそして着てくださるモデル探しから
この本作りははじまった

モトーラさんが醸し出す佇まい
その遠い眼差しがどこかその彫刻に似ていて
私は物語を紡ぎ出すように
白いセーターを一枚また一枚と編んだ

編んだ白いセーターたちは
編み目の陰影にいくつもの白のバリエーションをのぞかせる
ちょっと遊び心ある日常着のセーターたち

絵本のようなすてきなスタイリングとフォトグラフと丁寧な解説と
とても穏やかで愛らしい一冊となった

手に取ってくださったかたも
どうぞ心地よい編みもの時間を過ごしていただけますように

サイチカ

葉脈のセーター

植物が水を吸い上げる葉脈のようなヨークの衿もとから編み始めるトップダウンのセーターです。クンスト編みからヒントを得ています。

Yarn：ハマナカ ソノモノ
　　　アルパカウール《並太》
How to make : p.44

B

エプロンドレス

寒い朝も早起きしたくなるようなエプロンドレスはいかがですか？ 細いバゲットのような縄編みとハニカム模様をアクセントにしています。ポケットの膨らみは、やまねが冬眠中なんてほんわかしたお話も生まれそうです。

Yarn：ハマナカ ソノモノ
　　　アルパカウール《並太》
How to make：p.46

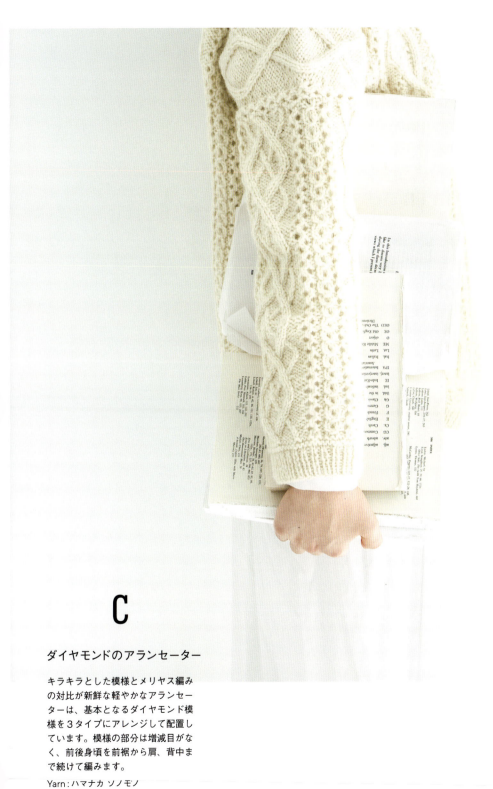

C

ダイヤモンドのアランセーター

キラキラとした模様とメリヤス編みの対比が新鮮な軽やかなアランセーターは、基本となるダイヤモンド模様を3タイプにアレンジして配置しています。模様の部分は増減目がなく、前後身頃を前裾から肩、背中まで続けて編みます。

Yarn：ハマナカ ソノモノ
　　　アルパカウール《並太》
How to make：p.49

D ライダースミトン

寒い日には、手袋の重ねづけができるような、ミトンというよりグローブというイメージのぽってりと、しっかりとした手袋です。しっかりした編み地はかぎ針編みでアラン模様を編んでいます。

Yarn：ハマナカ エクシードウール FL〈合太〉
How to make：p.52

おくるみジャケット

シンプルな編み地ですが、裾にダーツを入れることで、着心地よくきれいなシルエットになりました。肩ではおるように着ても、深い打合せにしても、前後身頃逆に着ても楽しめるデザインです。

E

Yarn：ハマナカ ソノモノ
　　　アルパカウール
How to make：p.54

F 玉のセーター

輪編みで編むバルーンシルエットのセーターは、大きな風船を編んでいくように、中間で増し目をしながら膨らませていきます。

Yarn：リッチモア カシミヤヤク
How to make：p.58

生命の森の
丸ヨークアランセーター

アランの伝統的な模様の中でも
大好きな生命の樹のパターンを
たくさんつなげたら、神秘的な
生命の森！のアランセーターが
生まれました。

G

Yarn：ハマナカ ソノモノ
　　　　アルパカウール
How to make：p.66

雪ん子ルームシューズ

H 雪ん子の雪藁靴みたいなルームシューズが欲しくて。藁で編んだような編み目が美しい一足ができました。

Yarn：ハマナカ ソノモノ ふわっと
How to make：p.70

絵描きの
スモッキングセーター

メリヤス編みを大胆にスモッキングしていく、まっすぐパターンだから、スモッキングの持ち味が生きています。そして衿もとも編みっぱなしでこのかわいさなのです。

Yarn：ハマナカ アメリー
How to make：p.72

I

カシミヤの
タンクトップとセーター

地模様が美しくてシンプルで、軽くて暖かくてそして気持ちいい！カシミヤを日々のワードローブに。このパターンは北欧に古くからある星の模様からアレンジしています。長く長く大切に着られる一枚になりますように。

Yarn：リッチモア カシミヤ
How to make：J タンクトップ/p.64
K セーター/p.59

J/K

L

野いちごのセーター

かけ目と減し目のシンプルなテクニックで編むスカラップセーターはいかがですか？甘い優しい雰囲気は、編む道中に野いちごを摘むように中長編みのボッブルを散らしてみました。

Yarn：ハマナカ ソノモノヘアリー
How to make：p.74

哲学者のストール

黙々淡々と編むもよし、夜長にコツコツ編むもよし。3目作り目で編み出して2段ごとに増し目を繰り返して一歩ずつ一歩ずつ成長していく編み地をお楽しみください。好みのサイズに編むことができます。

Yarn：リッチモア
　　　アルパカ レジェーロ
　　　ハマナカ ねんね
How to make：p.76

M

冬の帽子

増し目と減し目が個性的なゴム編みの流れを作り出す、ラトビアのパターンを帽子にアレンジしてみました。編み出すと調子が出てあっという間に編めるのもうれしいところ。寒い北風が吹いてきてから編み始めても間に合います。

Yarn：ハマナカ ソノモノ ふわっと
How to make：p.78

o

マニッシュなベスト

映画『アニー・ホール』のようなマニッシュなベストが欲しいのです。シンプルな2目ゴム編みは、一度に4目減らすと減し目が俄然シャープでかっこいい。サイズフリーのホルターネックが新鮮な印象になりました。

Yarn：ハマナカ エクシード ウール L《並太》
How to make：p.80

靴下かかとのバッグ

P

靴下のかかと1足分を続けて編みつなげると袋になる、編むのが楽しい技ありパターンなのです。2種類の糸を使うことで、ラップアンドターンがより効果的に生きています。

Yarn：ハマナカ ソノモノループ
　　　ハマナカ ソノモノ《超極太》
How to make：p.84

Q スモッキングのミトン

スモッキングは大好きな技法の一つです。この編み方は私のオリジナル。しっかり絞ることができるから、模様がシャープに浮かび上がるんです。ケルト紋様のような表情になりました。

Yarn：ハマナカ ソノモノ　アルパカウール
How to make：p.82

寄せては返す波のストール

一方からウール、もう一方からシルク、ゲージも素材も全く異なる糸を、同じ輪針の両サイドからラップアンドターンで交互に三角形を編みつなげると、波のようなおもしろいテキスタイルが現われました。

Yarn：ハマナカ
　　　ソノモノアルパカリリー
　　　リッチモア
　　　シルクコットン〈ファイン〉
How to make：p.41

R

編み方ポイントレッスン

ここでは作品に使っている編み方テクニックを写真で解説しています。

Q スモッキングのミトン p.33／p.82

◎スモッキング の編み方　p.20／p.72　I 絵描きのスモッキングセーターの模様編みも同じ要領で編みます。

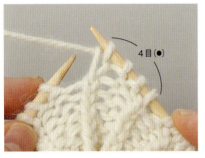

1 スモッキングの4目をねじり目、裏目、裏目、ねじり目で編む。

2 4目を左の針に戻す。4目先の目と目の間に右の針を入れ、糸をかけて引き出す。

3 引き出した目を左の針に移す。

4 3で左の針に移した目を表目で編む。

5 右の針に4目を移す。

6 4で編んだ表目を4目にかぶせて針からはずす。

7 針からはずしたところ。

8 糸をしっかり引き絞る。

9 同じ要領で続けて編んだところ。

D ライダースミトン　p.10／p.52

◎中長編み5目の変形玉編みの表引上げ編み の編み方

1 針に糸をかけ、矢印のように前々段の細編みの足に針を入れる。

2 糸をかけて引き出す（1回め）。

3 同じ要領で針に糸をかけて引き出すことを5回繰り返す。

4 5回引き出したら針に糸をかけ、矢印のように引き抜く。

5 もう一度針に糸をかけ、一度に引き抜く。

6 が編めた。

◎三つ巻き長編みの表引上げ編みの交差編みの編み方

1 針に糸を3回巻き、6目先の目の柱に矢印のように針を入れる。

2 針に糸をかけて引き出し、三つ巻き長編みを編む。

3 同じ要領でさらに3目編む。

4 三つ巻き長編みが4目編めた。

5 細編みを1目編み、針に糸を3回巻き、矢印のようにすくって三つ巻き長編みを編む。

6 同じ要領でさらに3目編む。

7 4目の交差が編めた。

8 続けて編んだところ。

H 雪ん子ルームシューズ p.18／p.70

◎模様編みを編む

1 36目作り目をし、輪にする。

2 2段め。1目めと2目めを右上2目一度で編む。18目めまで記号図どおりに編む。

3 18目めと19目めの間に段目リング(ピンク)をつけておく。19目めと20目めを右上2目一度で編む。

4 2段めが編めて34目になった。編終わりに段目リング(グリーン)をつけておく。

5 3段め。を編む。1目めとの間の渡り糸を右の針で矢印のようにすくう。

6 すくった糸を左の針に移し、右針でねじり目の裏目を編む。

7 渡り糸をねじり目の裏目で編めたところ。ピンクの段目リングまで編む。

8 5と同様にを編む。矢印のように渡り糸をすくい、左の針に移す。

9 ねじり目の裏目で編む。同じ要領で4段めは段目リングの次の目との間の渡り糸をすくい、ねじり目の表目で増す。

10 毎段2か所で増し目(奇数段はねじり目の裏目、偶数段はねじり目の表目)と2目一度の減し目をして19段めまで編む。

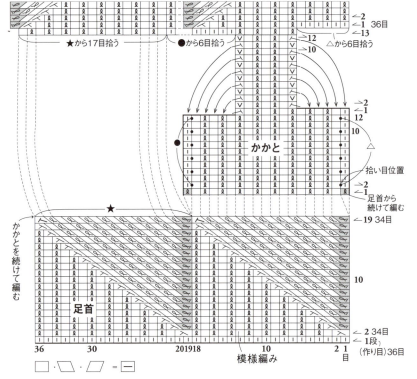

◎かかとの編み方

1 かかとの12段めまで往復に編み、1段めの2目一度の手前（12目め）まで編んだところ。

2 右上2目一度を編む。

3 2段め。裏に返し、右の針に編まずに目を移す（すべり目）。

4 5目編む。

5 裏を見て編むので、左上2目一度の裏目で編む。

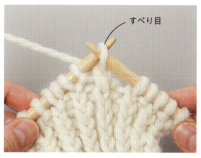

6 3段め。表に返してすべり目をする。

7 5目編んで右上2目一度を編む。

8 同じ要領で2目一度とすべり目を繰り返し、12段めまで編む。かかとが編めた。

9 13段め。表に返し、かかとの7目を編み、続けて●印から6目を拾う。

10 休み目（★）の17目、△印から6目を拾って3本の針に分ける。△から底側の1段めになる。

11 底側、甲側を続けて輪に編む。

12 出来上がり。

R 寄せては返す波のストール p.34／p.41

◎ラップアンドターンの段消し　　※ここではソノモノアルパカリリーをアルパカ、シルクコットン〈ファイン〉をシルクコットンと表記しています。

1 アルパカの糸でラップアンドターン（p.87編み残すラップアンドターン参照）をしながら82段編めたところ。

2 裏に返し、シルクコットンの糸をつけて4目表目で編み、ラップアンドターンの根もとに巻いた目に、糸を向う側にして矢印のように右の針を入れてすくう。

3 すくった目を左の針に移す。

4 左上2目一度に表目で編む。1回段消しができた。

5 同じ要領で根もとに巻いた目を左上2目一度して編み進む。このように1段めを編みながらすべての目で段消しをする。

6 10目手前まで編んだら、糸を手前にしてすべり目をする。

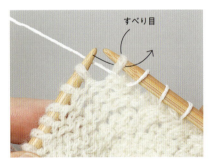

7 糸を向う側にし、すべり目を左の針に戻す。

8 すべり目を戻したところ。編み地を表に返す（ラップアンドターン）。

9 2段めは裏目で編む。

10 ラップアンドターンをしながら12段編んだところ。続けて82段まで編む。

11 シルクコットンの糸で82段編めた。アルパカの糸に替え、9目表目を編み、2～5と同じ要領で段消しをし、ラップアンドターンをしながら編む。

12 続けて編んだところ。シルクコットンは5目、アルパカは10目がつながり、糸を切らずに編み進む。

R → p.34, 35 寄せては返す波のストール

糸…ハマナカ ソノモノアルパカリリー(40g玉巻き)
　　オフホワイト(111) 90g
　　リッチモア シルクコットン〈ファイン〉(25g玉巻き)
　　白(1) 50g
針…10号40cm輪針
ゲージ…メリヤス編み・裏メリヤス編み
　　　　15.5目25段が10cm四方
サイズ…幅35cm　長さ136cm(伸びると150cm)

◎編み方
糸は指定の糸1本どりで、輪針を使って往復に編みます。
指に糸をかけて目を作る方法で55目を作り目し、ガーター編みを6段編みます。続けてメリヤス編みで、編み残すラップアンドターン(p.87参照)をしながら82段編んだら糸を休めます(①)。反対側に糸をつけ、裏メリヤス編みで、編み残すラップアンドターンをしながら編みますが、1段めは段消し(p.40参照)をしながら編みます。82段を編み、糸を休めます(②)。③〜⑧はそれぞれ休めた糸で①、②と同様に編みます。メリヤス編みを6段編み、編終りは裏目で伏止めにします。

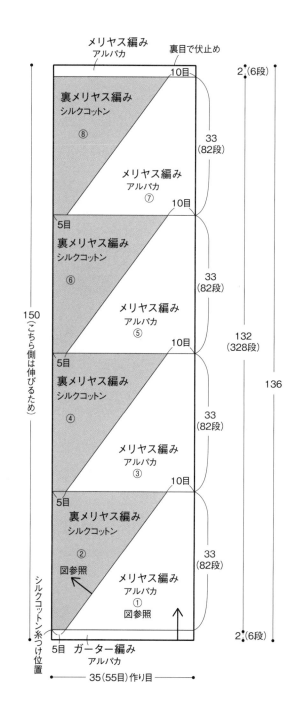

※ソノモノアルパカリリーをアルパカ、
　シルクコットン〈ファイン〉をシルクコットン
　と表記

※シルクコットン側が伸びて長さが変わる

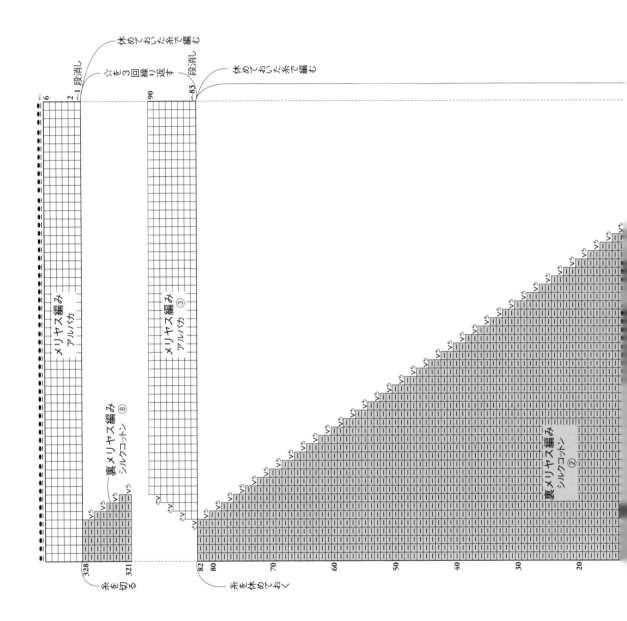

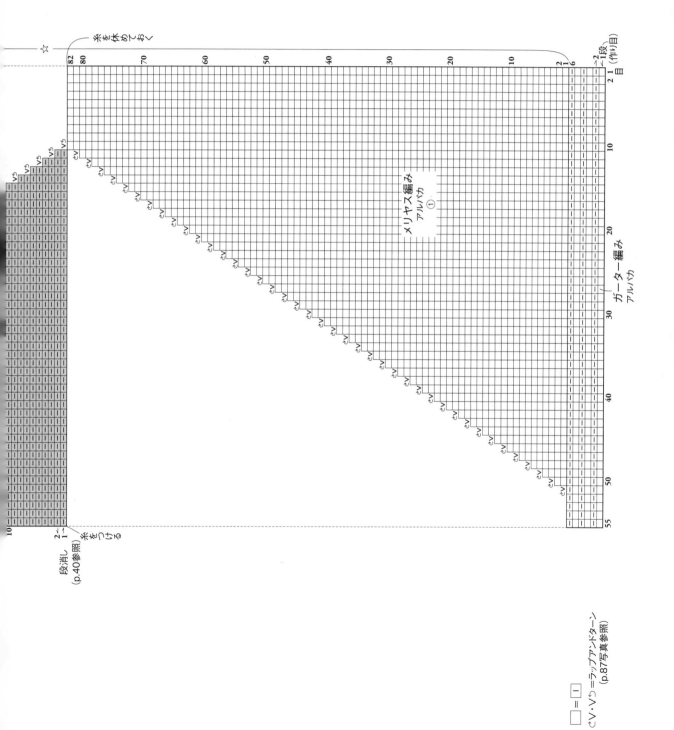

A → p.4, 5 葉脈のセーター

糸…ハマナカ ソノモノアルパカウール《並太》(40g玉巻き)
　　オフホワイト(61) 415g
針…7号40cm、80cm輪針　5号4本棒針
ゲージ…模様編み・メリヤス編み　20目25段が10cm四方
サイズ…胸囲97cm　着丈55cm　ゆき丈80cm

◎編み方
糸は1本どりで編みます。
衿ぐりは指に糸をかけて目を作る方法で作り目して輪にし、ねじり1目ゴム編みで編みます。続けてヨークを模様編みで図のように目を増減しながら編み、休み目にします。身頃はヨークからの拾い目と脇の作り目(別糸を使って目を作る方法)を輪にし、メリヤス編みとねじり1目ゴム編みを編み、編終りは前段と同じ記号で伏止めにします。袖もヨークからの拾い目と、袖下の作り目(別糸を使って目を作る方法)を輪にし、メリヤス編みで編みます。続けて1段めで減目し、ねじり1目ゴム編みで編みます。脇と袖下の作り目をほどいて拾い目し、6目ずつをメリヤスはぎにします。

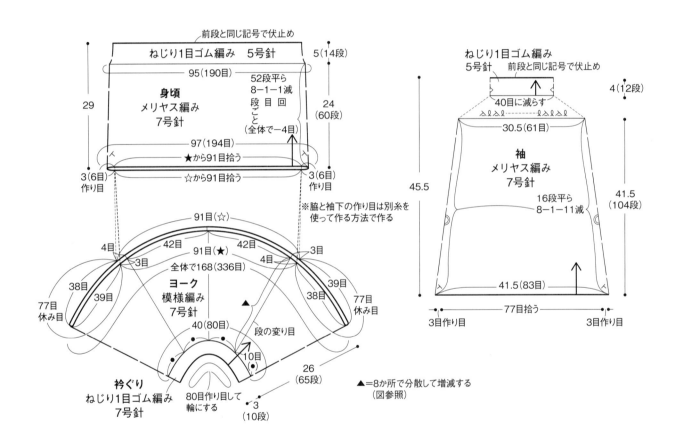

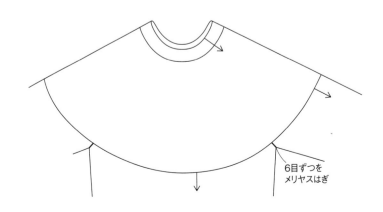

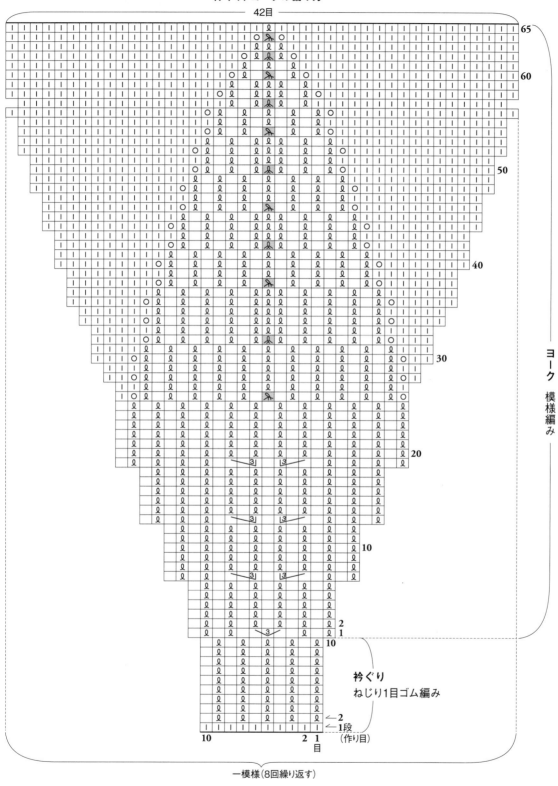

B → p.6,7　エプロンドレス

糸…ハマナカ ソノモノアルパカウール《並太》（40g玉巻き）
　　オフホワイト（61）520g
針…7号80cm、60cm輪針　7号、5号2本棒針　5/0号かぎ針
　　縄編み針
その他…直径1.8cmのボタン4個
ゲージ…裏メリヤス編み　21.5目27.5段が10cm四方
サイズ…裾幅102.5cm　丈（肩ひもを除く）92.5cm

◎編み方
糸はひも通しループ以外は1本どりで編みます。
本体は指に糸をかけて目を作る方法で作り目し、7号針で模様編みAを編み、続けてガーター編み、裏メリヤス編み、模様編みB、C、ねじり目（表目）、1目ゴム編みで編みます。5号針に替えて1目ゴム編みを6段編み、左右の肩ひもを編み、編終りは前段と同じ記号で伏止めにします。ポケットも本体と同じ要領で編みます。ひもも同様に作り目をして1目ゴム編みで編み、編終りは伏止めにします。ポケット、ひもを指定の位置につけ、ボタンをつけます。本体に無理穴をあけ、ひも通しループを編んでとじつけます。

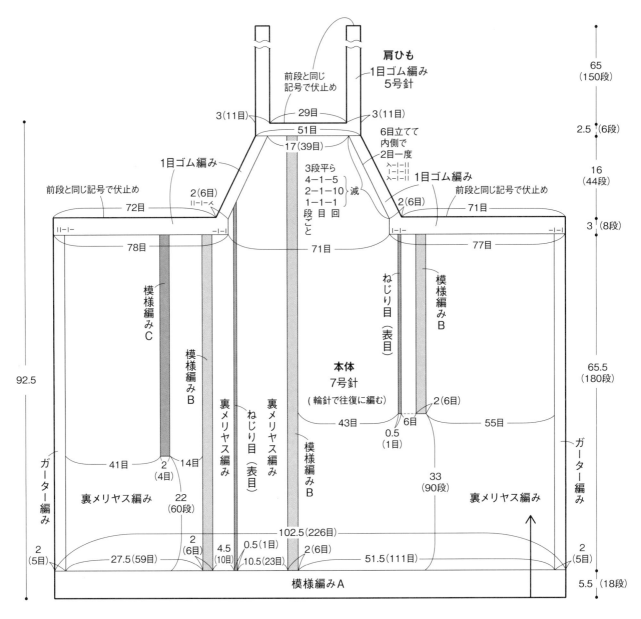

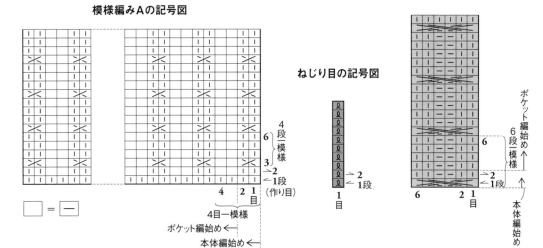

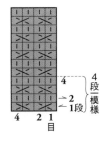

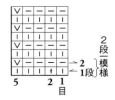

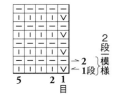

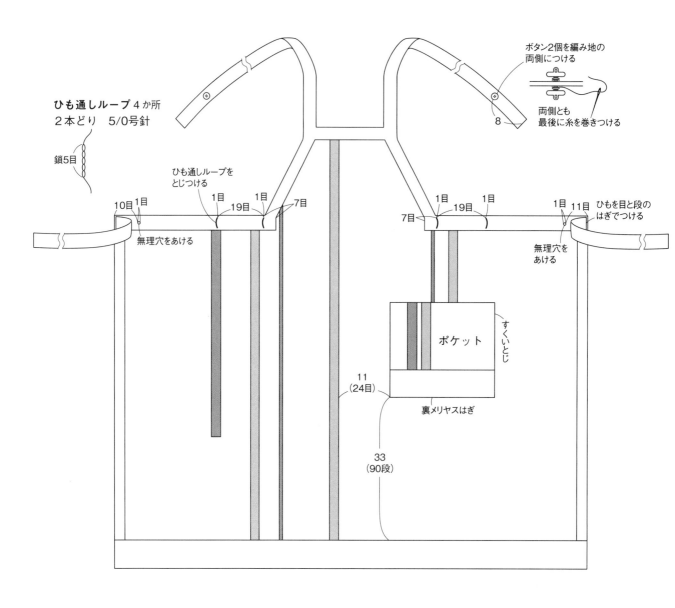

C → p.8,9　ダイヤモンドのアランセーター

糸…ハマナカ ソノモノアルパカウール《並太》（40g玉巻き）
　　オフホワイト（61）540g
針…7号、5号2本棒針　縄編み針
ゲージ…裏メリヤス編み　20目27段が10cm四方
　　　　模様編みB、D、E　18目が7cm　27段が10cm
サイズ…裾回り116cm　着丈62.5cm　ゆき丈78cm

◎編み方
糸は1本どりで、指定の針で編みます。
前後身頃は前身頃の裾から後ろ身頃の裾までを続けて編みます。指に糸をかけて目を作る方法で135目を作り目し、1目ゴム編み、ガーター編みを編みます。続けて、136目に増し、裏メリヤス編み、模様編みA〜Dで編みますが、模様編みA〜Dは増減なく編み、裏メリヤス編みの端の目で目を増減し、衿ぐり位置では別糸を編み込みます（p.93「ミトンの編み方のポイント◎親指穴に別糸を編み込む」参照）。135目に減らし、ガーター編み、1目ゴム編みを編み、編終りは前段と同じ記号で伏止めにします。袖も同様に作り目して1目ゴム編み、ガーター編みを編み、続けて裏メリヤス編み、模様編みA、E、Cで編み、編終りは休み目にします。衿ぐりの別糸をほどいて拾い目し、伏止めにします。袖を目と段のはぎでつけ、脇、袖下をすくいとじにします。

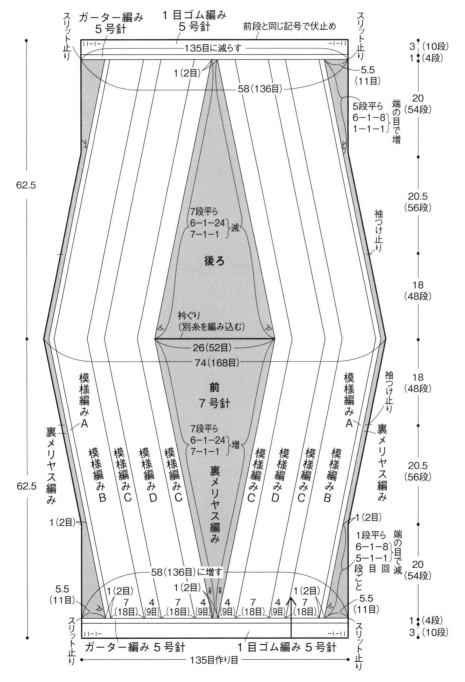

模様編みAの記号図

模様編みCの記号図

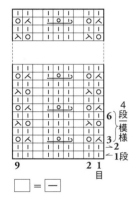

□ = −

模様編みBの記号図

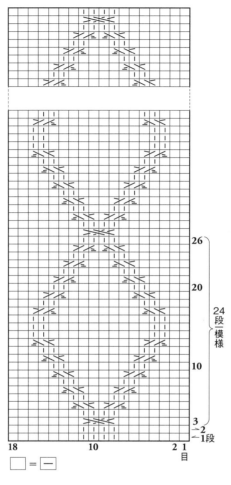

□ = −

模様編みDの記号図

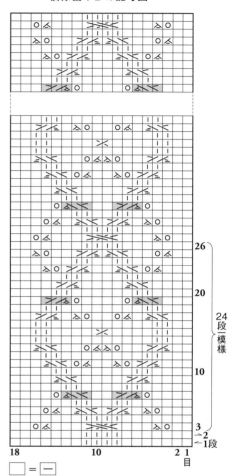

□ = −

= 裏目の右上2目一度と表目2目の左上交差

= 表目2目と裏目の左上2目一度の右上交差

ガーター編みの記号図

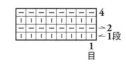

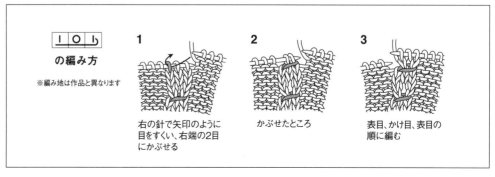

の編み方

※編み地は作品と異なります

1. 右の針で矢印のように目をすくい、右端の2目にかぶせる
2. かぶせたところ
3. 表目、かけ目、表目の順に編む

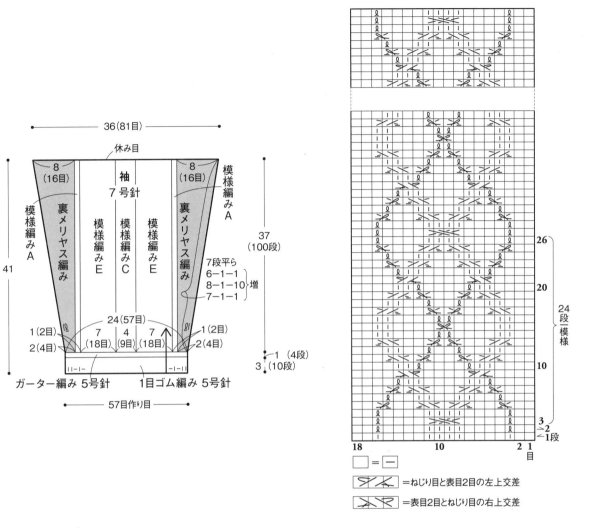

模様編みEの記号図

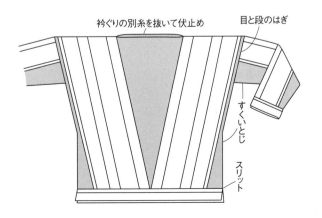

D → p.10, 11 ライダースミトン

糸…ハマナカ エクシードウールFL《合太》(40g玉巻き)
　　オフホワイト(201) 115g
針…5/0号かぎ針　2号2本棒針
ゲージ…模様編みA　27目25段が10cm四方
　　　　模様編みB　25目25段が10cm四方
　　　　2目ゴム編み　22段が5.5cm
サイズ…てのひら回り20cm　丈25.5cm

◎編み方
糸は1本どりで編みます。
右手を編みます。鎖66目を作り目し、甲側を模様編みA、親指のまちとてのひら側を模様編みBで24段往復に編みます。親指のまちを休み目し、続けて甲側とてのひら側を18段編みます。棒針に替え、続けて指先を拾い目し、2目ゴム編みを往復に15段編み、最終段に指定のように糸を2回通して絞ります。作り目から拾い目し、手首側にも2目ゴム編みを編み、編終りは前段と同じ記号で伏止めにします。親指を輪に拾い目し、模様編みBで編み、最終段に指定のように糸を2回通して絞ります。脇をすくいとじにします。左手は対称に編みます。

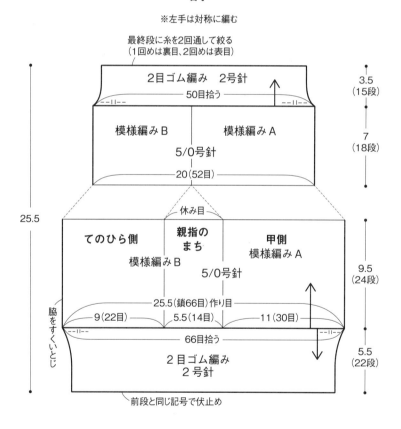

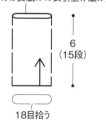

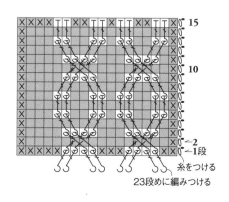

右手の編み方

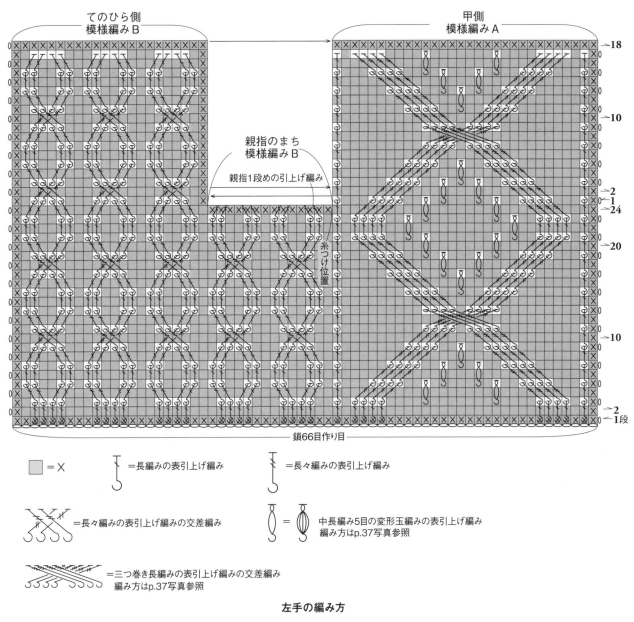

左手の編み方

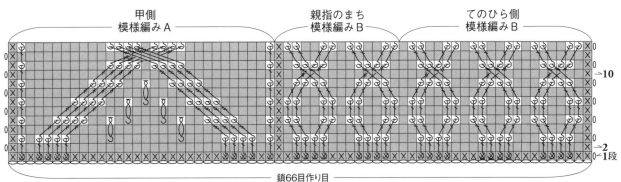

E → p.12, 13

おくるみジャケット

糸…ハマナカ ソノモノアルパカウール
　　（40g玉巻き）オフホワイト（41）775g
針…10号2本棒針　10/0号かぎ針
ゲージ…ねじり1目ゴム編み
　　　　22.5目21段が10cm四方
サイズ…後ろ幅60cm　着丈43cm
　　　　ゆき丈59cm

◎編み方

糸は1本どりで編みます。
後ろ身頃は別糸を使って目を作る方法、前身頃は指に糸をかけて目を作る方法で作り目し、ねじり1目ゴム編みで編みますが、後ろ身頃は増減なく編み、前身頃は引返しとダーツを入れて編みます。前後身頃とも編終りは休み目にします。袖も別糸を使って目を作る方法で作り目し、ねじり1目ゴム編みとガーター編みで増減なく編み、休み目にします。肩と衿の後ろ中央をそれぞれすくいとじにし、衿を後ろ衿ぐりに指定のように目と段のはぎでつけます。後ろ身頃の作り目をほどいて拾い目し、脇をかぶせ引抜きはぎにします。袖も同様に作り目をほどいて袖下をかぶせ引抜きはぎにし、身頃に目と段のはぎでつけます。

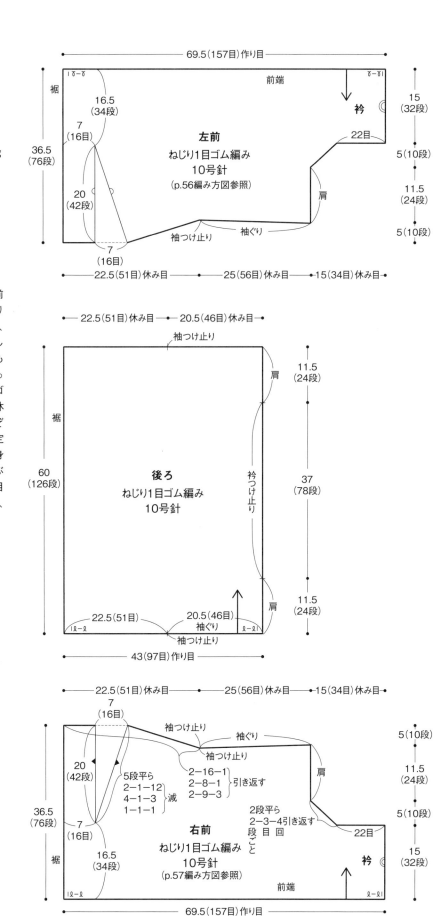

ねじり1目ゴム編みの記号図

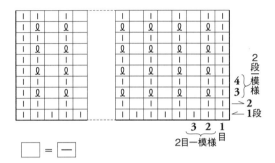

ガーター編みの記号図

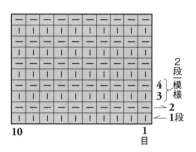

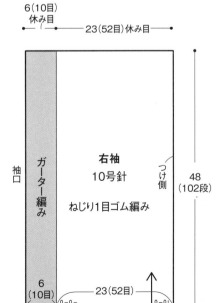

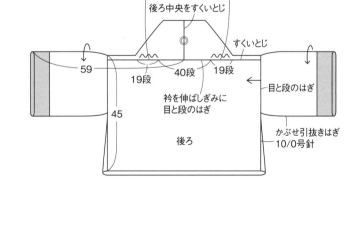

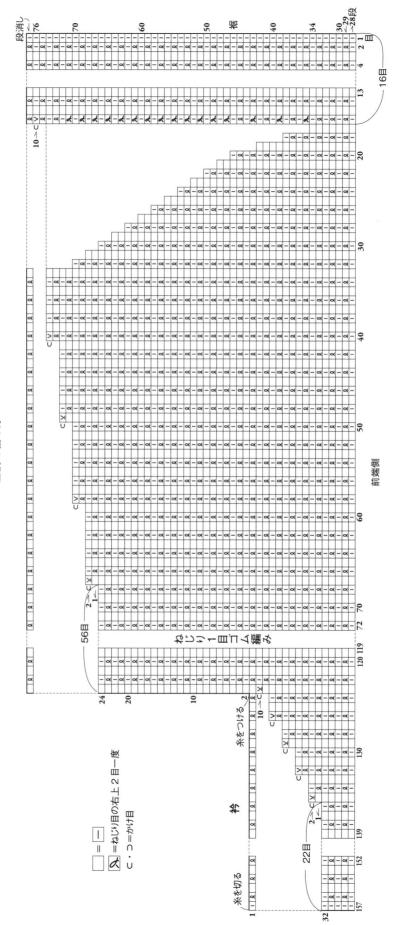

右前の編み方

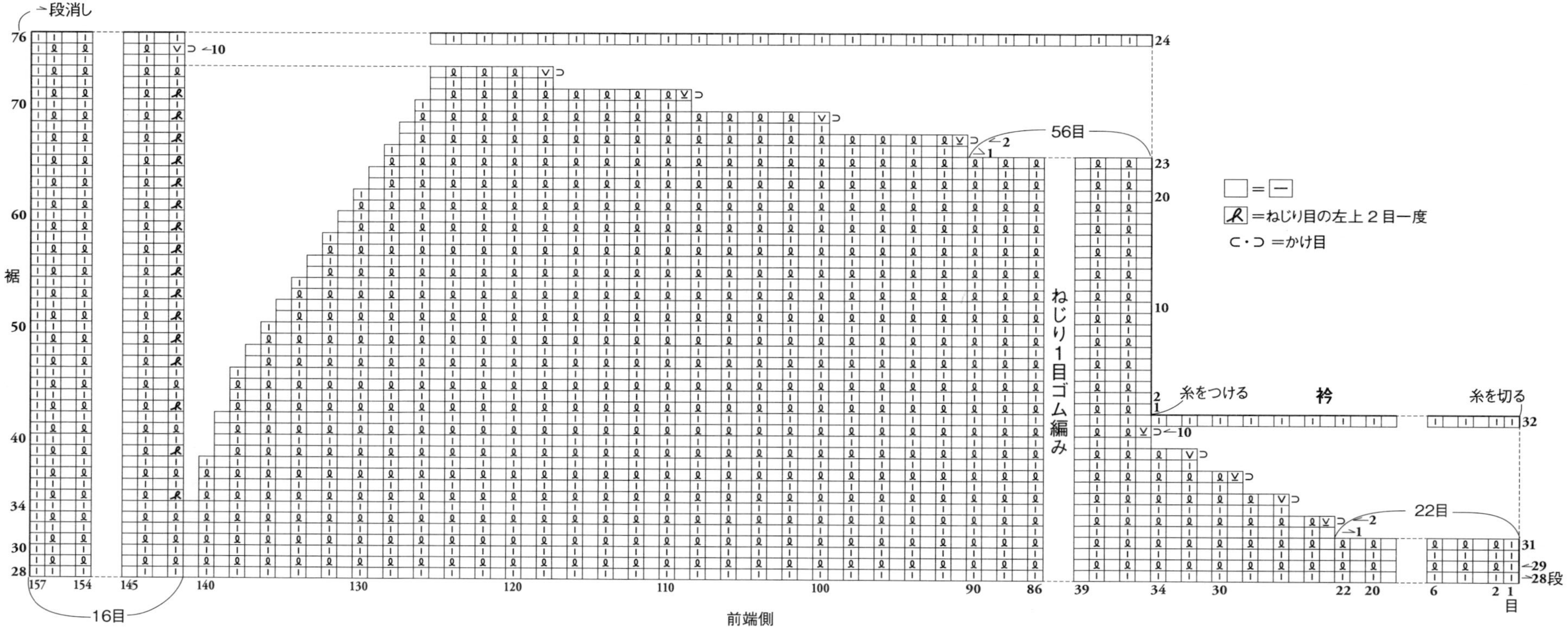

□ = │
R = ねじり目の左上2目一度
⊂・⊃ = かけ目

衿

ねじり1目ゴム編み

56目

22目

16目

145目

→段消し

F → p.14,15 玉のセーター

糸…リッチモア カシミヤヤク(50g玉巻き)
　アイボリー(1) 480g
針…8号60cm、40cm輪針　12号60cm、40cm輪針
　8号、12号4本棒針
ゲージ…メリヤス編み　16目22段が10cm四方
サイズ…身幅64cm　裾幅50cm　着丈76cm　ゆき丈65.5cm

◎編み方
糸は1本どりで編みます。
身頃〈下〉は指に糸をかけて目を作る方法で作り目して輪にし、2目ゴム編み、メリヤス編みで指定の位置で増し目をしながら編みます。続けて、前後身頃をそれぞれ拾い目し、メリヤス編みで往復に編みます。ヨークと衿は前後身頃から拾い目して輪にし、メリヤス編みで編み、編終りは伏止めにします。袖は袖ぐりから拾い目して輪にし、メリヤス編みで編み、編終りは伏止めにします。

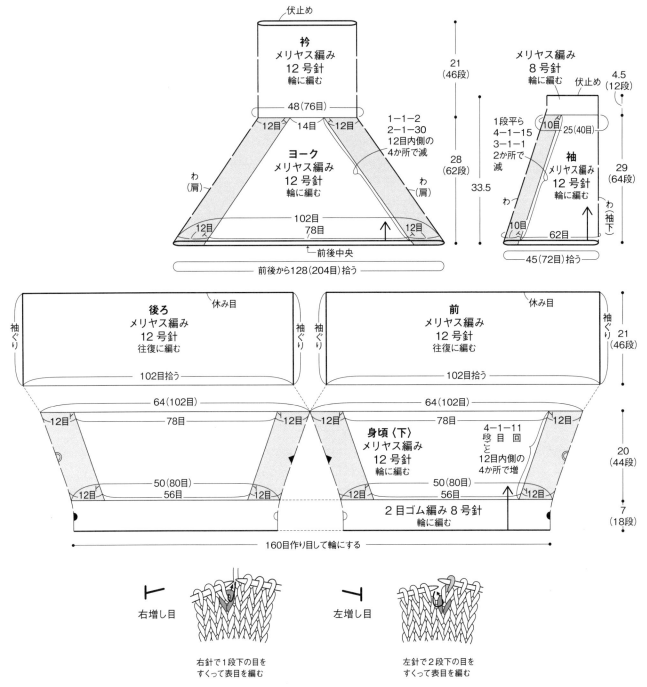

K → p.23 カシミヤのセーター

糸…リッチモア カシミヤ(20g玉巻き)
　　オフホワイト(101) 315g
針…5号、4号2本棒針　4号4本棒針
ゲージ…模様編み 24目40段が10cm四方
サイズ…胸囲98cm　着丈58cm　ゆき丈73.5cm

◎編み方
糸は1本どりで編みます。
前後身頃は指に糸をかけて目を作る方法で作り目し、2目ゴム編み、ガーター編みを編みます。続けて模様編みでラグラン線で減らしながら編みます。袖も同様に作り目をして2目ゴム編み、ガーター編み、模様編みで増減しながら編み、編終りは伏止めにします。ラグラン線をすくいとじにし、衿ぐりから拾い目し、ガーター編み、2目ゴム編みで輪に編み、編終りは前段と同じ記号で伏止めにします。脇と袖下をすくいとじにし、伏せ目の部分はメリヤスはぎにします。

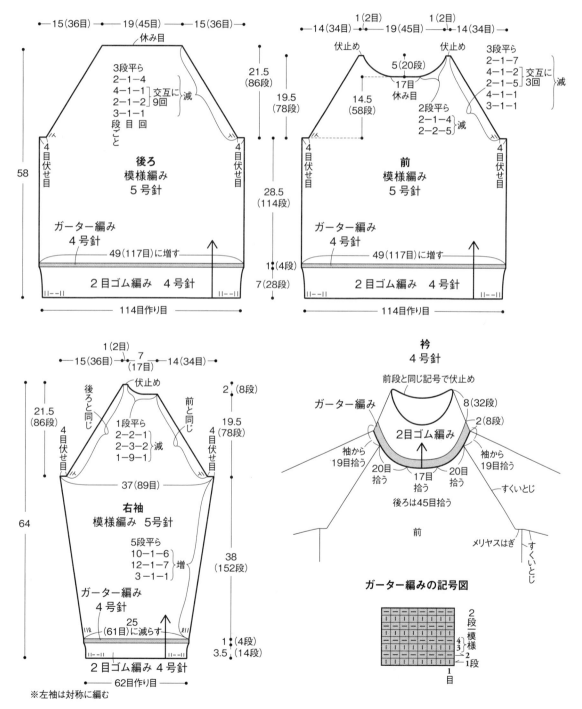

模様編みの記号図

※セーター、タンクトップ共通

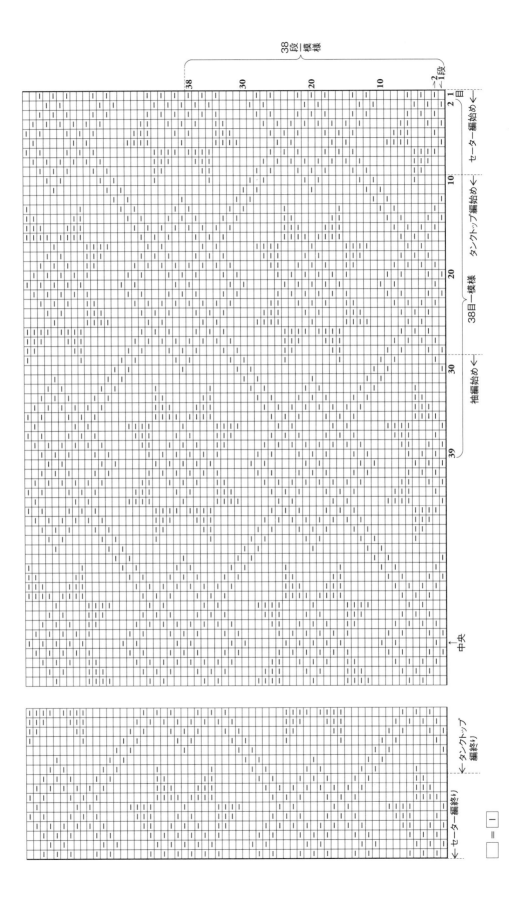

= □ (空白)
= |

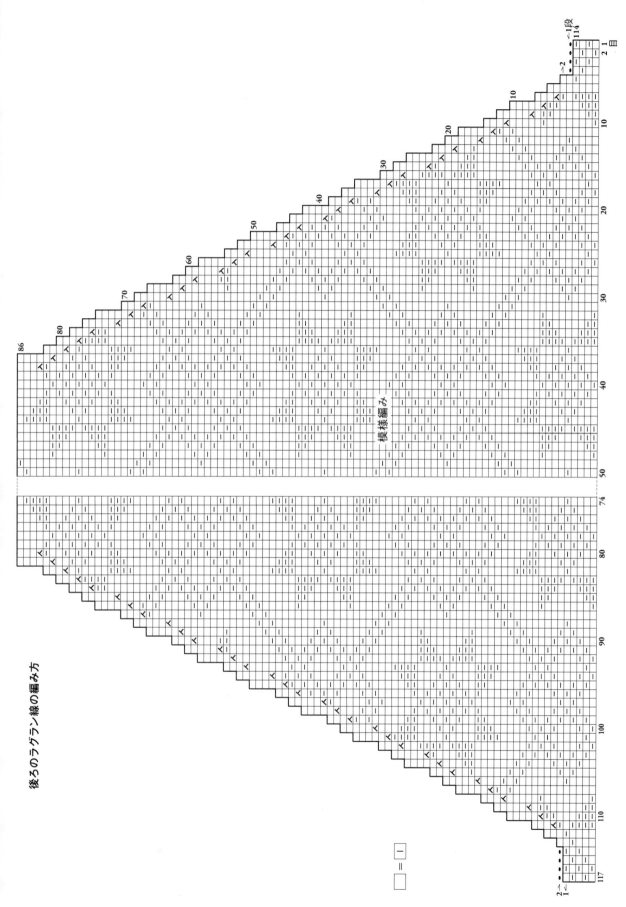

前のラグラン線と衿ぐりの編み方

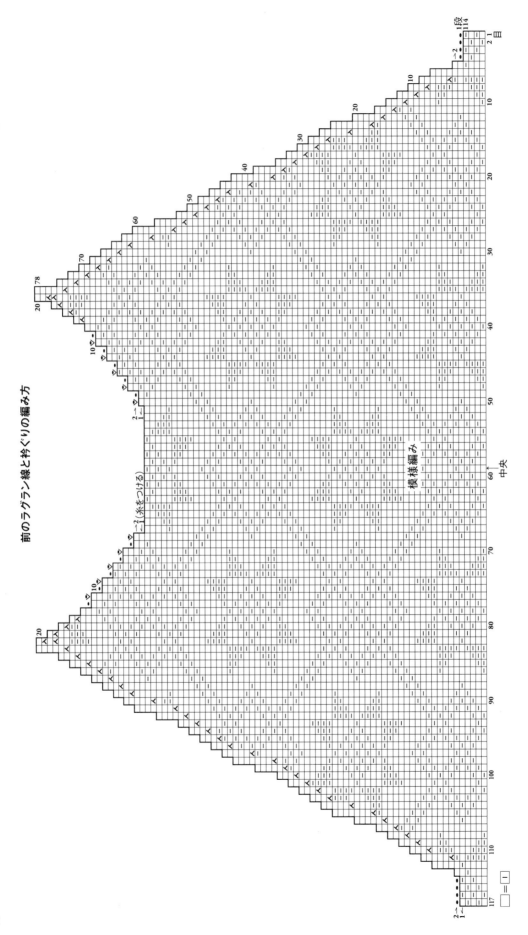

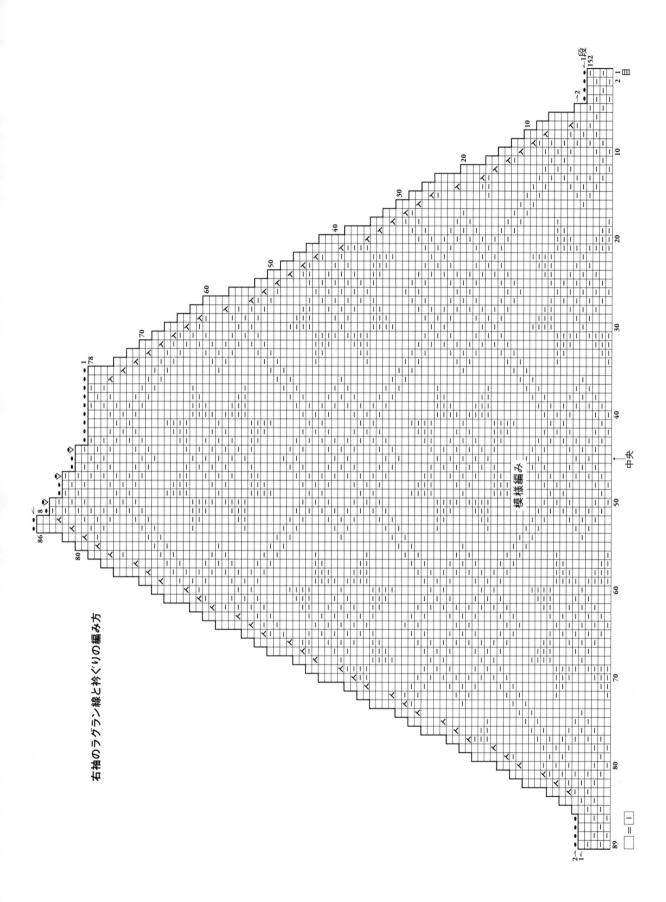

J

→ p.22　カシミヤのタンクトップ

糸…リッチモア カシミヤ(20g玉巻き)
　　オフホワイト(101) 140g
針…5号、4号2本棒針　4/0号かぎ針
ゲージ…模様編み　24目40段が10cm四方
サイズ…胸囲82cm　着丈56cm

◎編み方
糸は1本どりで編みます。
身頃2枚は指に糸をかけて目を作る方法で98目を作り目し、2目ゴム編み、ガーター編みを編みます。続けて増し目をし、模様編み、ガーター編みで編みます。衿ぐりから拾い目し、ガーター編みを8段増減なく編み、続けて肩ひもを編み、編終りは休み目にします。肩ひもをかぶせ引抜きはぎにし、脇をすくいとじにします。

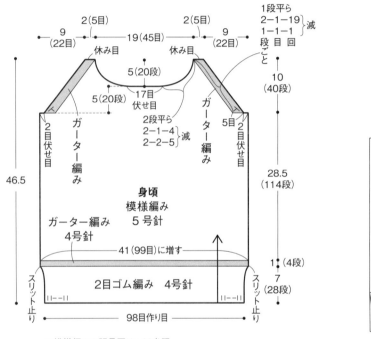

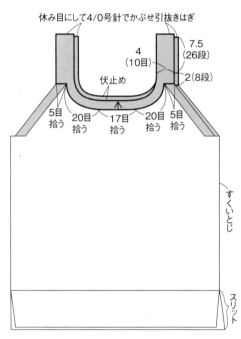

※模様編みの記号図はp.60参照

衿ぐりと肩ひもの編み方

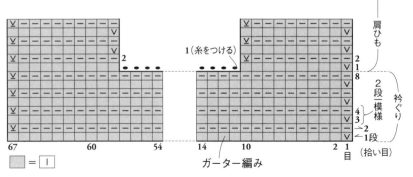

裾のガーター編みの記号図

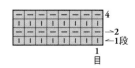

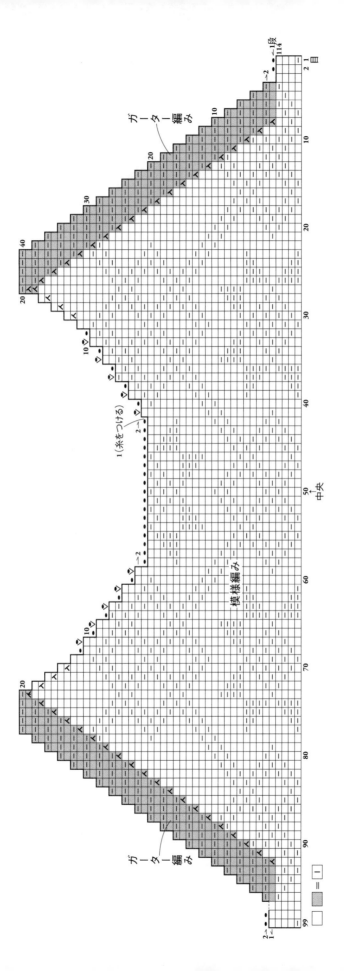

G → p.16, 17　生命の森の丸ヨークアランセーター

糸…ハマナカ ソノモノアルパカウール（40g玉巻き）
　　オフホワイト(41) 610g
針…8号2本棒針　10号60cm、40cm輪針　縄編み針
ゲージ…裏メリヤス編み・模様編みB
　　　　17目21段が10cm四方
サイズ…胸囲100cm　着丈66.5cm　ゆき丈84.5cm

◎編み方
糸は1本どりで編みます。
前後身頃は指に糸をかけて目を作る方法で作り目し、8号針でガーター編みを編み、10号針に替えて裏メリヤス編みで図のように編み、編終りは休み目にします。袖も同様に作り目してガーター編みを編み、続けて裏メリヤス編み、模様編みAで編み、編終りは休み目にします。身頃と袖の合い印どうしをすくいとじし、7目ずつを裏メリヤスはぎにします。脇と袖下を続けてすくいとじにします。ヨークと衿は左袖の指定の位置から拾い始め、前身頃、右袖、後ろ身頃、左袖の順に拾い目をして輪にし、模様編みB、模様編みAで全体で減らしながら編み、編終りは1目ゴム編み止めにします。

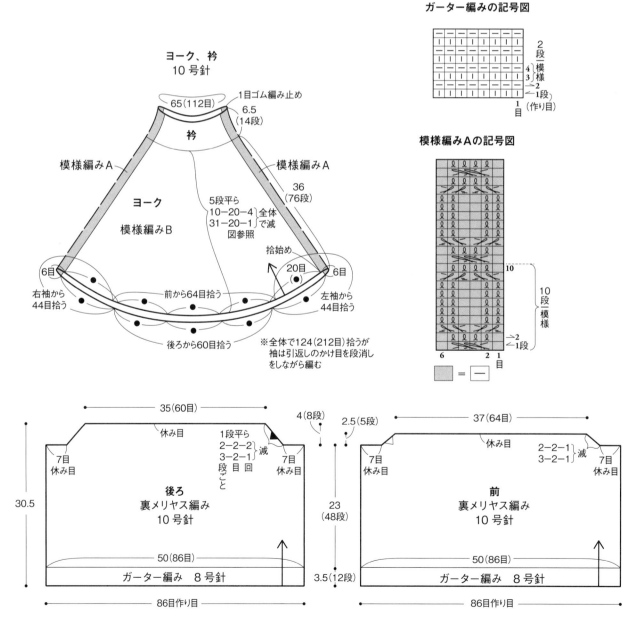

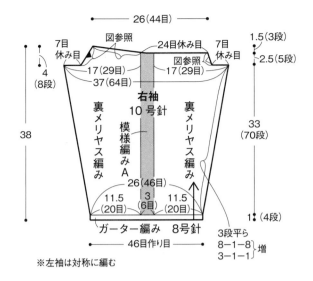
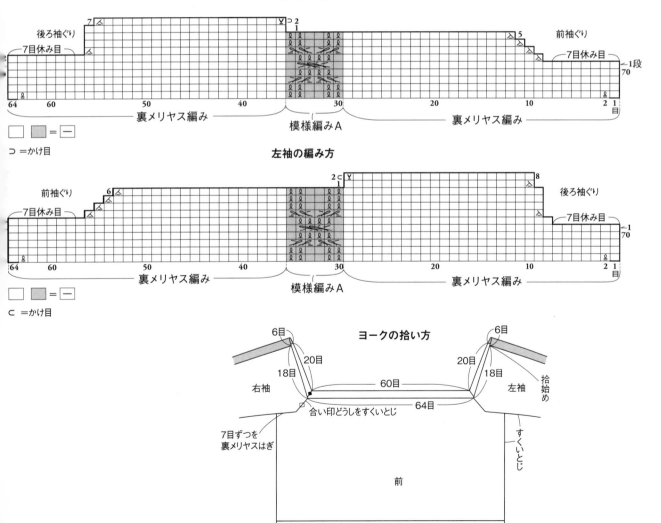

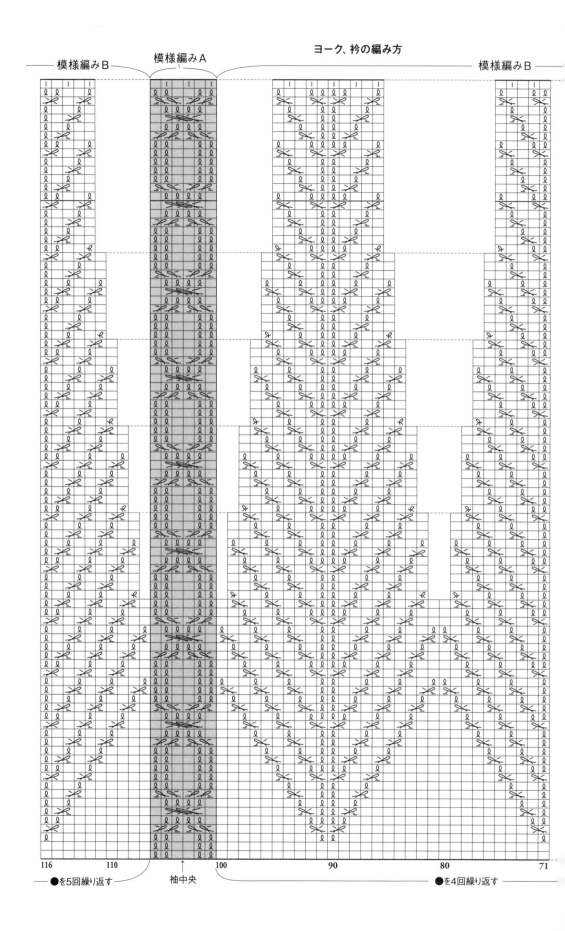

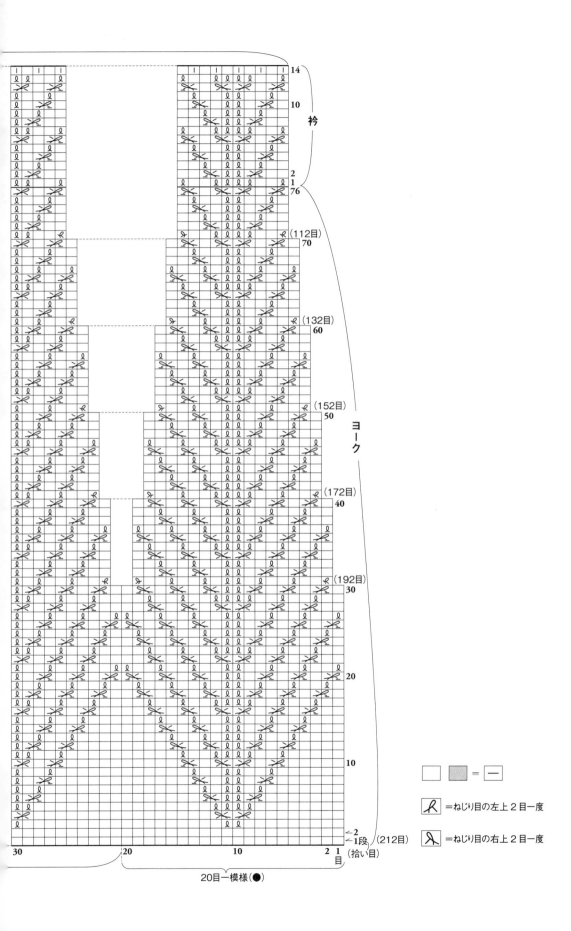

H → p.18, 19

雪ん子ルームシューズ

糸…ハマナカ ソノモノふわっと(80g玉巻き)
　　オフホワイト(131) 210g
針…8mm 4本棒針
ゲージ…模様編み　15目17段が10cm四方
サイズ…足のサイズ24～25cm

◎編み方
糸は1本どりで編みます。
足首は指に糸をかけて目を作る方法で36目を作り目して輪にし、模様編み(p.38参照)で19段編みます。17目を休み目し、かかとを往復に編みます。続けて底側、甲側を輪に拾い目して増減なく編み、編終りは糸を2回通して絞ります。同様にもう1枚編みます。

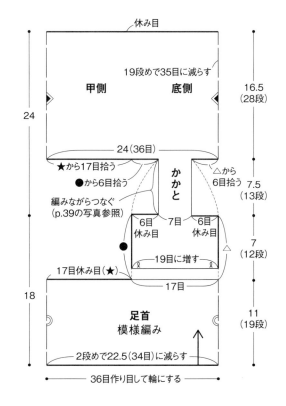

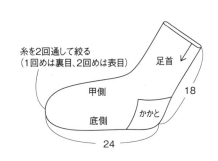

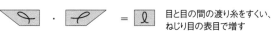

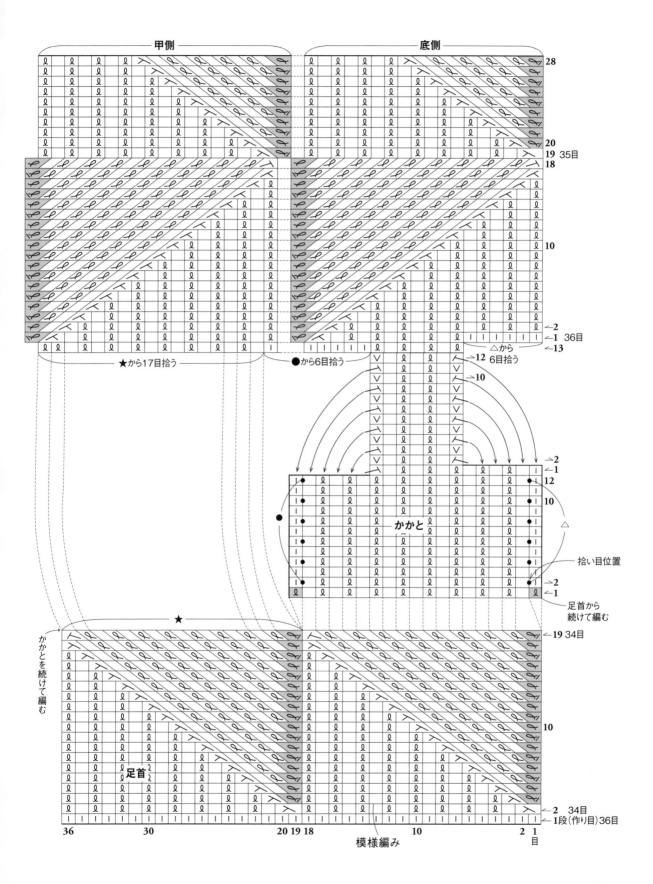

I → p.20, 21 絵描きのスモッキングセーター

糸…ハマナカ アメリー（40g玉巻き）
　　　ナチュラルホワイト(20) 510g
針…7号60cm、40cm輪針　6/0号かぎ針
ゲージ…メリヤス編み　20目28段が10cm四方
　　　　模様編み　44目28段が10cm四方
サイズ…裾回り132cm　着丈62cm　ゆき丈56.5cm

◎編み方
糸は1本どりで、身頃と袖は輪針を使って往復に編みます。身頃2枚は指に糸をかけて目を作る方法で作り目し、ガーター編み、メリヤス編み、模様編みで増減なく編み、編終りは休み目にします。袖も同様に作り目し、ガーター編み、メリヤス編みで編みます。肩をかぶせ引抜きはぎにします。衿ぐりは身頃から模様が続くように模様編みを輪に編み、編終りは裏目の伏止めにします。袖を目と段のはぎでつけ、脇、袖下をすくいとじにします。

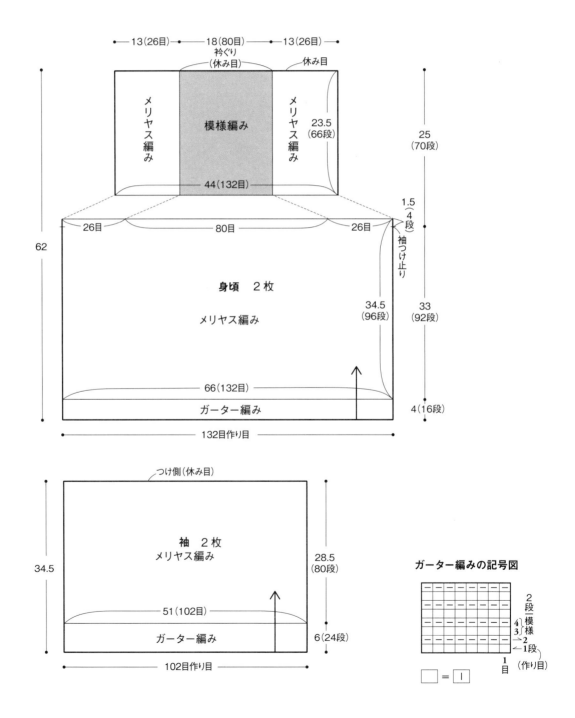

模様編みの記号図

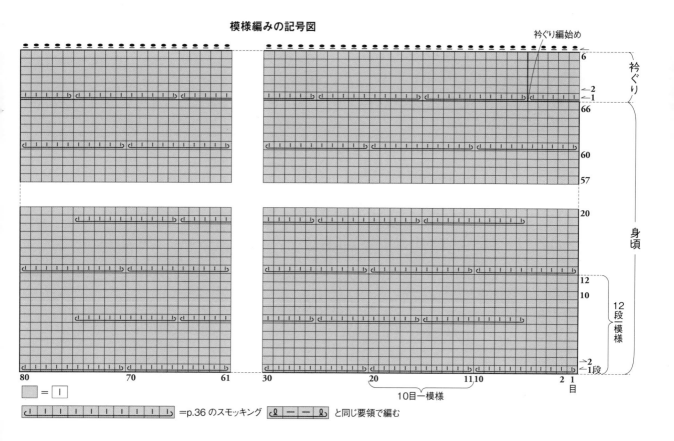

衿ぐり
模様編み

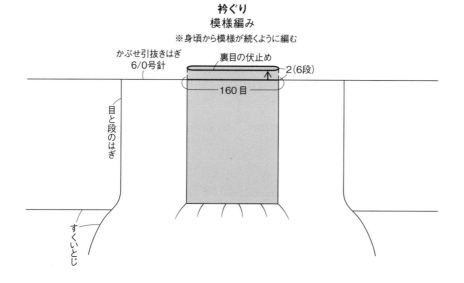

L → p.24, 25 野いちごのセーター

糸…ハマナカ ソノモノヘアリー(25g玉巻き)
オフホワイト(121) 160g
針…8号2本棒針　5/0号、6/0号かぎ針
ゲージ…模様編みA・B　21目30段が10cm四方
サイズ…胸囲122cm　着丈43cm　ゆき丈40.5cm

◎編み方
糸は1本どりで編みます。
身頃2枚はそれぞれ肩、衿ぐりを続けて指に糸をかけて目を作る方法で作り目し、模様編みAで増減なく編み、編終りは休み目にします。袖も同様に作り目し、模様編みBで増減なく編み、休み目にします。肩を表側から引抜きはぎにし、袖を目と段のはぎでつけます。脇、袖下を続けてすくいとじにし、裾に縁編みを編みます。

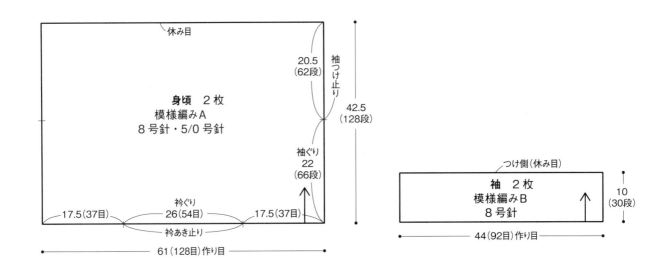

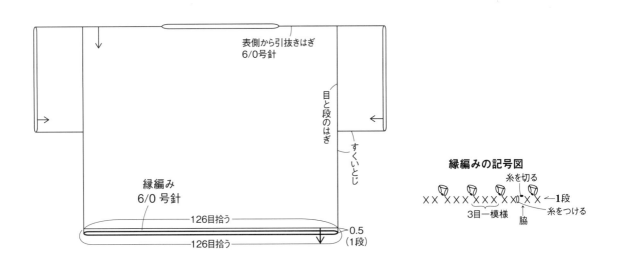

身頃の編み方

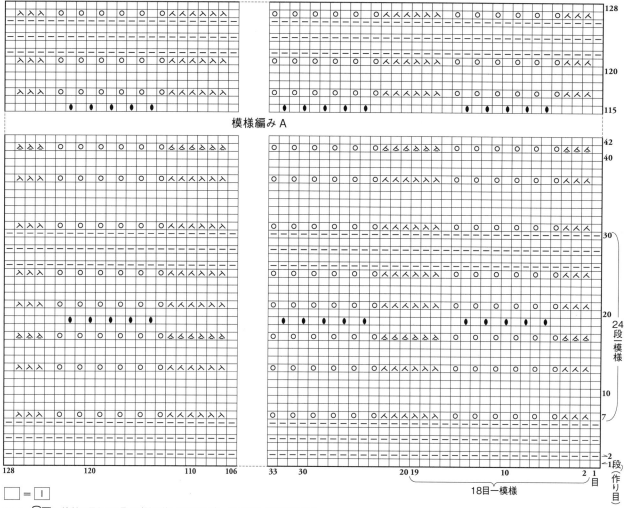

模様編み A

□ = | |

● = 棒針の目を5/0号かぎ針に移して目をのばし、中長編み4目の玉編みと鎖目を編んで右の棒針に目を移す

袖の編み方

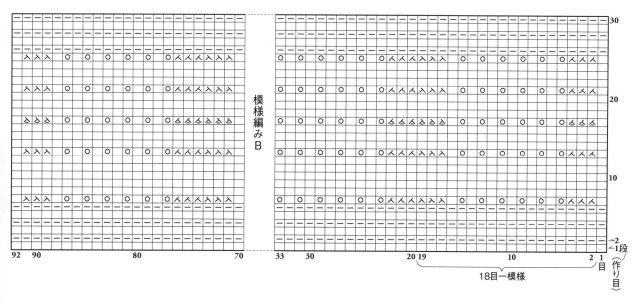

模様編み B

M → p.26, 27 哲学者のストール

糸…リッチモア アルパカレジェーロ(50g玉巻き)
　　白(1) 205g
　　ハマナカ ねんね(30g玉巻き)
　　白(1) 25g
針…6号、10号2本棒針　10号60cm輪針
ゲージ…メリヤス編み　19目27段が10cm四方
サイズ…図参照

◎編み方
糸は指定の糸1本どりで、針は指定以外10号針で編みます。
指に糸をかけて目を作る方法で3目を作り目し、ガーター編み、メリヤス編み、ガーター編みの縞、模様編みの縞で中央で目を増しながら編みますが、2本針で目が入りきらなくなったら輪針を使って往復に編みます。編終りは伏止めにします。

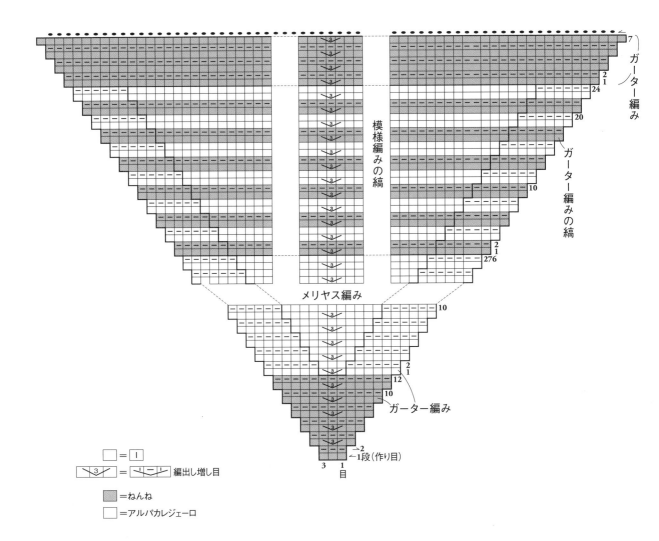

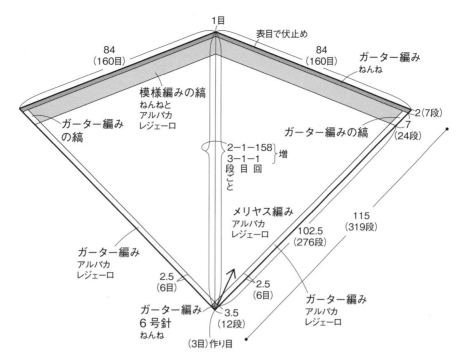

目の増し方

1 6号針を使い、ねんねの糸で指に糸をかけて目を作る方法で、3目作り目をする。2段めは裏を見て編むので、表目で3目編む。

2 3段め。表に返し、1目めは表目で編む。

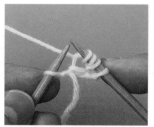

3 2目めは表目、裏目、表目で3目編み出す。

4 次の目を表目で編み、5目に増えた。

5 4段めは裏を見て編むので表目で5目編む。

6 5段め。表目で2目編み、3目めは表目、裏目、表目で3目編み出す。

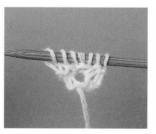

7 続けて表目で2目編む。7目に増えた。

8 同じ要領で12段まで編めた。

9 針を10号針に、糸をアルパカレジェーロに替えて編む。

10 続けて編み進んだところ。

N → p.28, 29 冬の帽子

糸…ハマナカ ソノモノふわっと(80g玉巻き)
　　オフホワイト(131) 160g
針…8mm 40cm、60cm輪針
ゲージ…模様編み　14.5目14段が10cm四方
サイズ…頭回り45cm　深さ32cm

◎編み方
糸は1本どりで編みます。
指に糸をかけて目を作る方法で68目を作り目して輪にし、模様編み(p.38、70雪ん子ルームシューズと同じ要領)を34段編みます。続けて、目を減らしながら11段編み、残った24目に糸を通して絞ります。ボンボンを作ってトップにとじつけます。

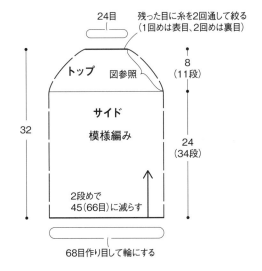

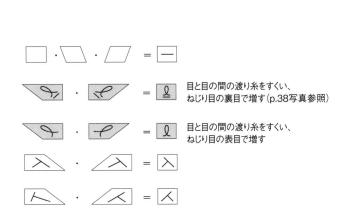

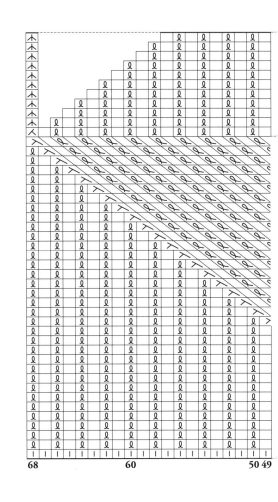

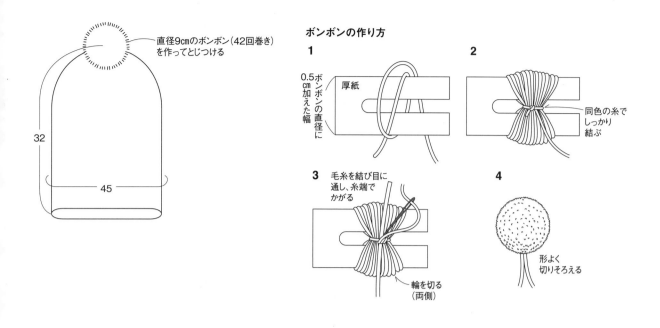

ボンボンの作り方

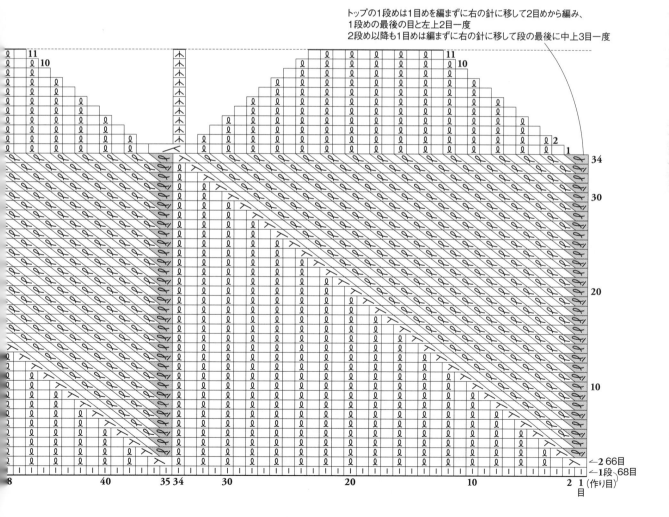

O → p.30, 31　マニッシュなベスト

糸…ハマナカ　エクシードウールL《並太》（40g玉巻き）
　　白(301) 220g
針…5号2本棒針　6/0号かぎ針(作り目に使用)　縄編み針
その他…直径1.8cmのボタン5個
ゲージ…2目ゴム編み　27目27段が10cm四方
サイズ…胸囲88cm　着丈43cm

◎編み方
糸は1本どりで編みます。
後ろ身頃は2目ゴム編みの目の作り方で作り目し、2目ゴム編みで増減なく34段編み、編終りは2目ゴム編み止めにします。前身頃も同様に作り目して2目ゴム編みで減らしながら衿まで編み、編終りは休み目にします。休み目どうしをはぎ、脇をすくいとじにします。無理穴をあけ、ボタンをつけます。

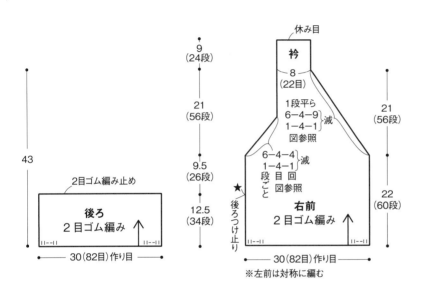

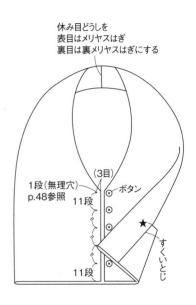

2目ゴム編みの4目の減し方

の編み方

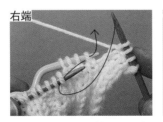

1　記号図どおりに端の4目を編み、次の4目を縄編み針に移して向う側に置く。矢印のように針を入れて左上2目一度に表目で編む。

2　2目一度が編めて、1目減った。同様に手前と向う側の目をすくい、2目めは表目、3目めと4目めは裏目の左上2目一度を編む。

3　4目減った。

の編み方

1　12目手前で、4目を縄編み針に移して手前に置く。矢印のように縄編み針の1目と左の針の1目を右針に移してから右上2目一度に裏目を編む。

2　2目一度が編めて、1目減った。同様に手前と向う側の目をすくい、2目めは裏目、3目めと4目めは表目の右上2目一度を編む。

3　4目減った。

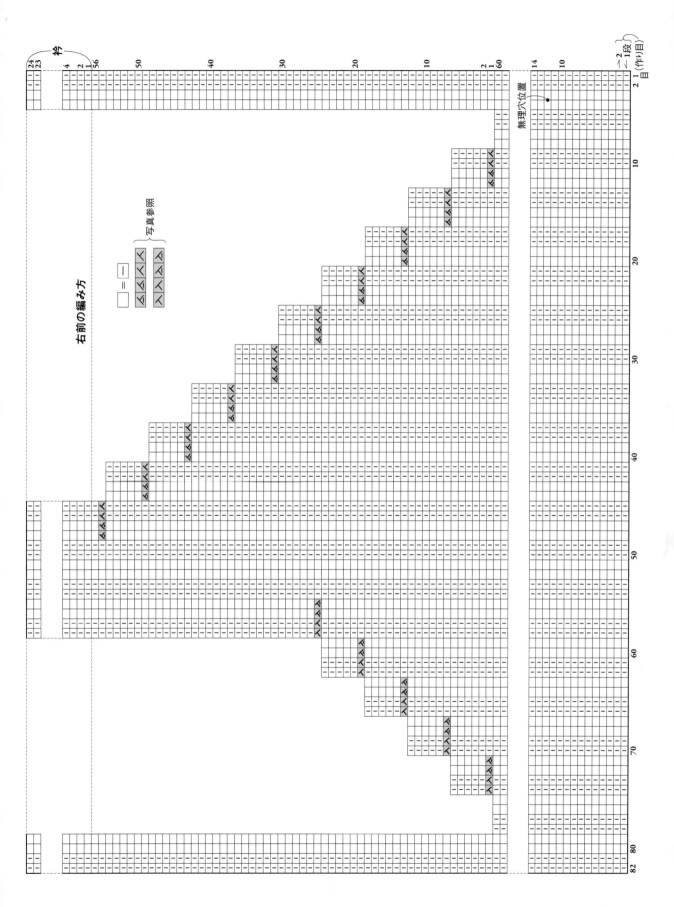

Q → p.33　スモッキングのミトン

糸…ハマナカ ソノモノアルパカウール(40g玉巻き)
　　オフホワイト(41) 90g
針…8号4本棒針
ゲージ…ねじりゴム編み・模様編み　21目が9cm、25段が10cm
サイズ…てのひら回り18cm　丈25cm

◎編み方
糸は1本どりで編みます。
右手を編みます。指に糸をかけて目を作る方法で作り目して輪にし、ねじりゴム編みを16段編みます。続けて甲側は模様編み、てのひら側はねじりゴム編みで編みますが、親指穴には指定の位置に別糸を編み込みます。指先は目を減らし、残った14目に糸を通して絞ります。親指は別糸をほどいて拾い目をし、ねじりゴム編みを全体で減らしながら編み、残った6目に糸を通して絞ります。左手は親指穴を指定の位置に作って編みます。

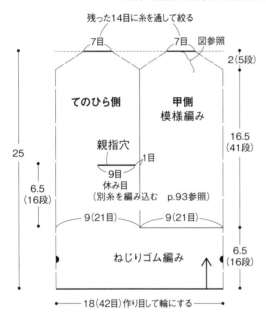

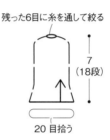

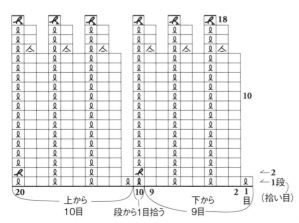

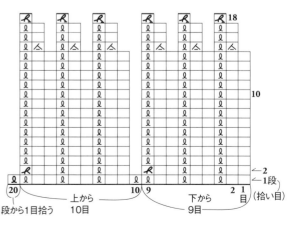

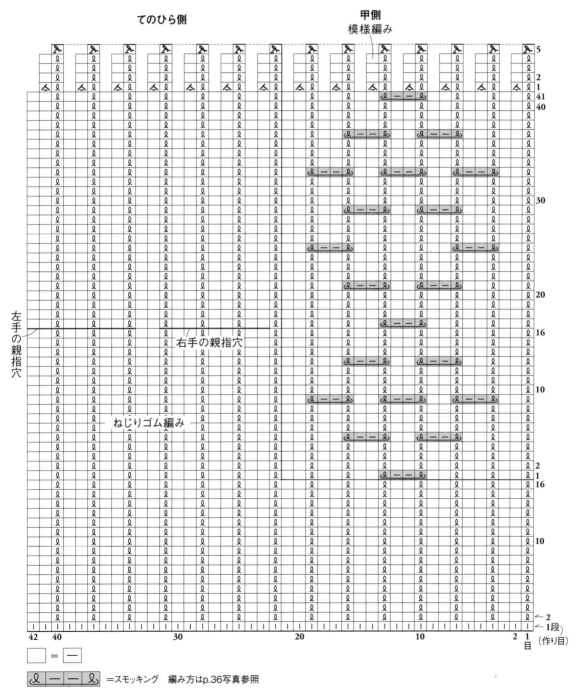

P → p.32　靴下かかとのバッグ

糸…ハマナカ ソノモノループ（40g玉巻き）
　　　オフホワイト（51）145g
　　　ハマナカ ソノモノ《超極太》（40g玉巻き）
　　　オフホワイト（11）130g
針…13号2本、4本棒針　6/0号かぎ針
その他…裏布　52×72㎝
ゲージ…メリヤス編み、裏メリヤス編み
　　　　12目17段が10㎝四方
サイズ…図参照

◎編み方

糸は1本どりで、指定の糸で編みます。
側面は入れ口側で別糸を使って目を作る方法で54目を作り目し、裏メリヤス編み、メリヤス編みでラップアンドターン（p.87～89参照）をしながら編み、編終りは休み目にします。持ち手は指に糸をかけて目を作る方法で20目を作り目し、メリヤス編みで増減なく編み、編終りは伏止めにします。側面の合い印どうしをすくいとじにします。入れ口は輪に拾い目し、2目ゴム編みで編み、編終りは前段と同じ記号で伏止めにします。ボタンかけループとボンボンを作ってとじつけ、持ち手は両脇の裏側にとじつけます。裏布を仕立て、側面の裏側に縫いつけます。

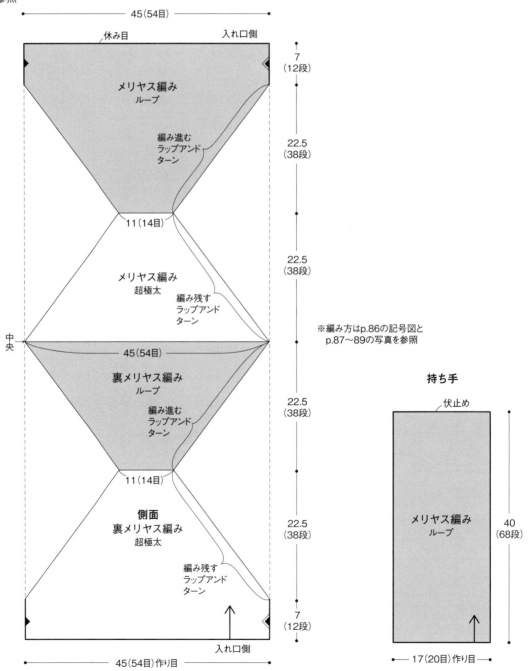

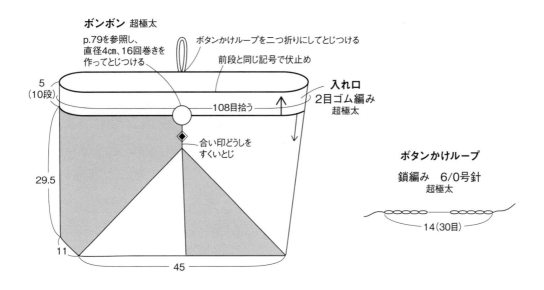

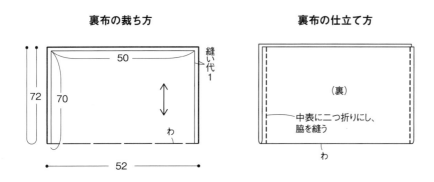

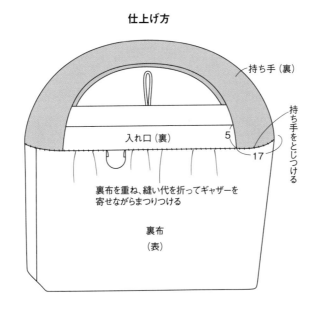

側面の編み方

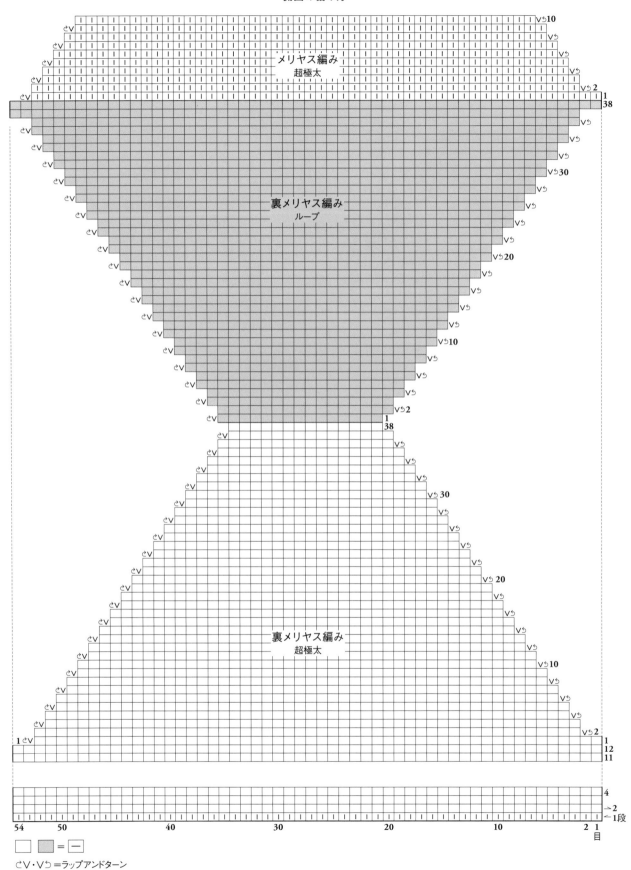

P 靴下かかとのバッグ p.32／p.84

◎ラップアンドターンの編み方　※わかりやすいように糸を替えて解説しています。

編み残すラップアンドターンの編み方

裏メリヤス編みの場合

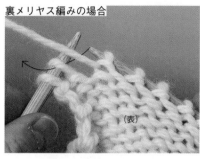

1　1段めは、2目手前まで裏目を編んだら糸を手前にして右の針に編まずに目を移す(すべり目)。

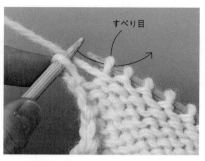

2　糸を向う側にしてすべり目を左の針に戻す。

3　すべり目の手前に糸が渡る。すべり目の根もとに糸を巻くように編み地を回して裏に返す。

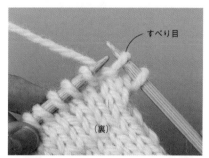

4　すべり目の根もとに糸が巻きつく。続けて2段めを2目手前まで表目で編む。

メリヤス編みの場合

5　2目手前で糸を向う側にしてすべり目をする。

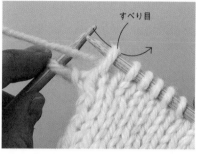

6　糸を手前にしてすべり目を左の針に戻す。

7　すべり目の根もとに糸を巻くように編み地を回して表に返し、3段めを編む。

8　続けて編んだところ。すべり目の根もとに糸が巻きつく(ラップアンドターン)。

編み進むラップアンドターンの編み方

裏メリヤス編みの場合

1 編み残すラップアンドターンで38段目まで編んだところ。針には14目残る。

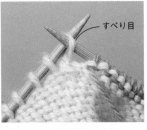

2 1段めは糸を替えて裏目で14目編み、ラップした目は編まずにすべり目をする。

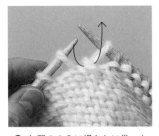

3 矢印のように根もとに巻いた目をすくって左の針にかける。

4 すべり目を左の針に戻す。

5 2目一度に裏目で編む。

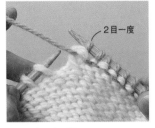

6 2目一度が編めた。

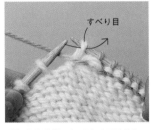

7 糸を手前にしてすべり目をし、糸を向う側にしてすべり目を左の針に戻す。すべり目の根もとに糸を巻くように編み地を回して裏に返す。

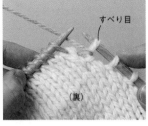

8 すべり目の根もとに糸が巻きつく。続けて2段めを表目で編み進む。

メリヤス編みの場合

9 2段めの編終りは、糸を針の向う側にし、ラップした目は編まずにすべり目をする。

10 矢印のように根もとに巻きついた目をすくって左の針にかける。

11 すべり目を左の針に戻す。

12 2目一度に表目で編む。

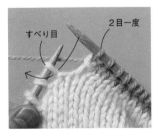

13 2目一度が編めた。糸を向う側にしてすべり目をする。

14 糸を手前にしてすべり目を左の針に戻す。糸を巻くように編み地を回して表に返す。

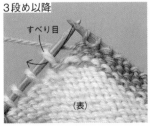

15 3段めのすべり目の手前まで編み、すべり目をする。

16 矢印のように右の針で巻きつけた2本をすくう。

17 すくった2本とすべり目を左の針に移す。

18 すべり目と巻きつけた2本を3目一度の裏目で編む。

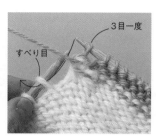
19 3目一度が編めた。糸を手前にしてすべり目をする。

20 糸を向う側にしてすべり目を左の針に戻す。糸を巻くようにして編み地を回して裏に返す。

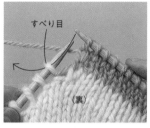
21 4段めをすべり目の手前まで編み、糸を向う側にし、ラップした目は編まずにすべり目をする。

22 矢印のように根もとに巻きついた2本を右の針ですくう。

23 左の針にすくった2本とすべり目を移す。

24 すべり目と巻きつけた2本を3目一度の表目で編む。

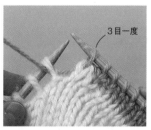
25 同じ要領で、編終り側で巻きつけた2本をすくって3目一度に編み、糸をラップして編み地を回すことを繰り返す。

26 続けて編み進んだところ。

裏メリヤス編みの場合の糸の渡り方

メリヤス編みの場合の糸の渡り方

[基礎テクニック]

棒針編みの基礎

作り目

◎指に糸をかけて目を作る方法　　作り目は指定の針の号数より2号以上細い針2本か、1号太い針1本を使うときれいです

1
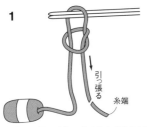
糸端から編む寸法の約3倍の長さのところで輪を作り、棒針をそろえて輪の中に通す

2
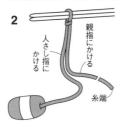
輪を引き締める

3

短いほうを左手の親指に、糸玉のほうを人さし指にかけ、右手は輪のところを押さえながら棒針を持つ。人さし指にかかっている糸を図のようにすくう

4
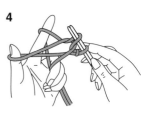
すくい終わったところ

5

親指にかかっている糸をはずし、その下側をかけ直しながら結び目を締める

6

親指と人さし指を最初の形にする。3〜5を繰り返す

7

必要目数を作る。これを表目1段と数える

8

2本の棒から1本を抜き、糸のある側から2段めを編む。
※輪に編む場合はp.93「ミトンの編み方のポイント◎作り目を輪にする」を参照

◎別糸を使って目を作る方法

1

編み糸に近い太さの木綿糸で、鎖編みをし、鎖の編終りの裏側の山に針を入れて編み糸を引き出す

2

必要数の目を拾う

3

拾えたところ。これを表目1段と数える

4
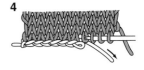
目を拾うときは、別鎖の目をほどきながら目を針に拾う。最後の端の目は半目を拾う

◎2目ゴム編みの目の作り方

1
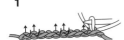
別糸で必要目数の鎖編みをし、裏側のこぶに針を入れて2目おきに2目ずつ引き出す

2

メリヤス編みを2段編む

3

裏側に返して矢印のように針を入れて裏目で編む

4

2目めを裏目で編み、3目めは1段めの1目めと2目めの間の渡り糸に針を入れて表目を編む

5

次の目も、1段めの渡り糸に針を入れて表目で編む

6

続けて裏目で2目編む

7

（裏側）
4〜6を繰り返して編み、作り目ができた。2段めと数える

編み目記号

表目	裏目	かけ目	ねじり目	ねじり目（裏目）
	ー	〇		1　2
				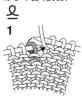

右上2目一度
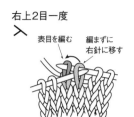
表目を編む / 編まずに右針に移す / 移した目をかぶせる

左上2目一度

表目を2目一度に編む

右上2目一度(裏目)
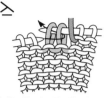
右針に移した2目に針を入れ、目を入れ替える / 裏目を2目一度に編む

左上2目一度(裏目)

裏目を2目一度に編む

右上3目一度
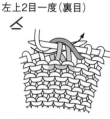
左上2目一度 / 編まずに右針に移す / 移した目をかぶせる

左上3目一度
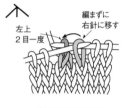
3目一度に編む

中上3目一度
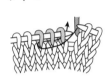
左上2目一度の要領で右針に移す / 表目を編む / 2目を一緒にかぶせる

すべり目
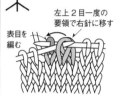
目を編まずに右の針に移し編み糸を向うに渡す / 下の段の目が引き上がる

浮き目

目を編まずに右の針に移し編み糸を手前に渡す / 下の段の目が引き上がる

右上交差

右針を次の目の後ろを通って矢印のように1目とばして入れ、表目を編む / とばした目を表目で編む / 左針から2目をはずす

左上交差
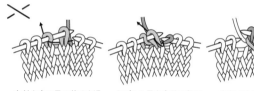
右針を次の目の前を通って矢印のように1目とばして入れ、表目を編む / とばした目を表目で編む / 左針から2目をはずす

右上交差(2目)

別針に2目とって手前におき、次の2目を表目で編む / 別針の目を表目で編む

左上交差(2目)
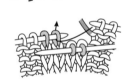
別針に2目とって向う側におき、次の2目を表目で編む / 別針の目を表目で編む

右上2目交差,左上2目交差の要領で、交差を編むときに下側の目を裏目で編む
※目数が異なる場合も同じ要領で編む

右上交差(表目と裏目)

別針に2目とって手前におき、次の1目を裏目で編む / 別針の目を表目で編む

左上交差(表目と裏目)
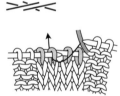
別針に1目とって向う側におき、次の2目を表目で編む / 別針の目を裏目で編む

ねじり目で増す

1目めと2目めの間の渡り糸を右の針ですくい、ねじり目で編む

ねじり目と裏目の右上交差
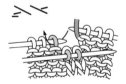
別針に1目とって手前に休め、次の1目を裏目で編む / 別針の目をねじり目で編む

ねじり目と裏目の左上交差

別針に1目とって向う側に休め、次の1目をねじり目で編む / 別針の目を裏目で編む

編出し増し目
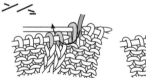
裏目 / 表目 / 表目

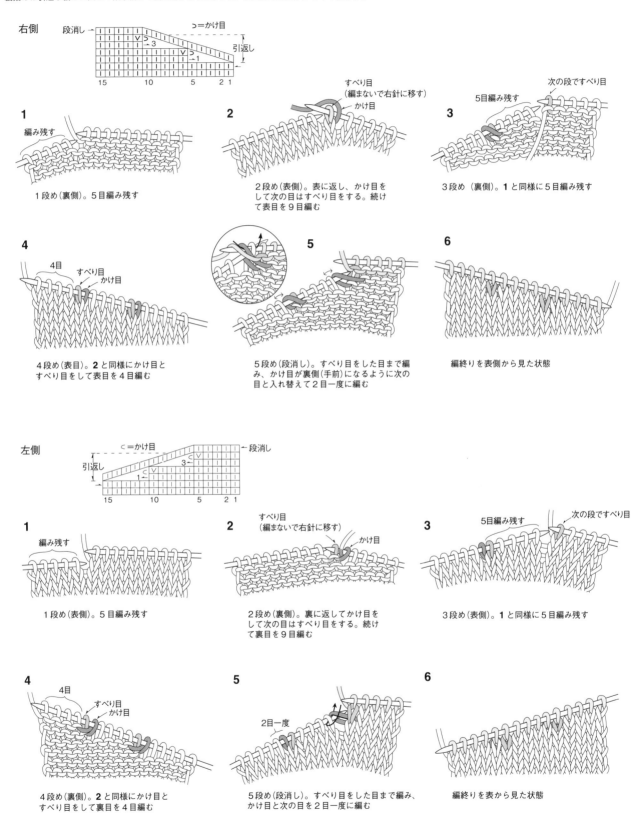

ミトンの編み方のポイント

◎作り目を輪にする

1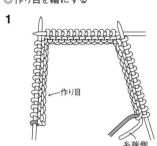
必要目数の作り目をし、3本の針に分ける

2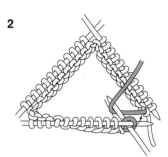
もう1本の針で最初の目を編み、輪に編み進む
＊このときねじれないように注意する

◎親指穴に別糸を編み込む

1
親指穴の手前で編んでいた糸を休め、別糸で指定の目数（★ここでは6目）を編む

2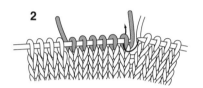
別糸で編んだ目を左の針に移し、別糸の上から続きを編む

3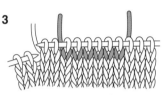
続けて編み進む

◎親指の目の拾い方

1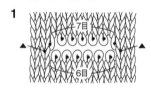
別糸をほどき、上下から親指の目数を針に分けて拾う
※拾い目が足りないときは、左右の▲からも拾う

2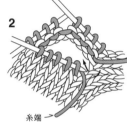
糸をつけて1段めを編む。下の目から編み始める。▲の部分から拾う場合は、矢印のように左針を入れ、ねじりながら1目編む。反対側から1目拾う場合も、同じ要領でねじる

3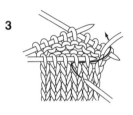
2段めからは輪で増減なく編み、最終段で左上2目一度をする（作品によって異なる）

4
糸を少し残して切り、残った目に糸を2回通して絞る。1目おきに2重に通すとより締まる

目の止め方

● 伏止め（表目）

1
端の2目を表目で編み、1目めを2目めにかぶせる

2
表目を編み、かぶせることを繰り返す

3
最後の目は、引き抜いて糸を締める

● 伏止め（裏目）

1
端の2目を裏目で編み、1目めを2目めにかぶせる

2
裏目を編み、かぶせることを繰り返す

3
最後の目は、引き抜いて糸を締める

はぎ方・とじ方

◎かぶせ引抜きはぎ

1
編み地を中表にして持ち、手前側の目からかぎ針を入れて2目をとり、向う側の目を引き抜く

2
糸をかけて引き抜く

3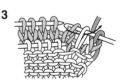
2目めも1のように向う側の目を引き出す

4
糸をかけ、3で引き出した目とかぎ針にかかっている目を一緒に引き抜く

5
3、4を繰り返す

◎引抜きはぎ

1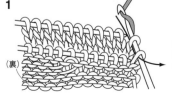
編み地を中表にして持ち、かぎ針で前後の1目ずつとって引き抜く

2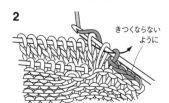
きつくならないように

◎メリヤスはぎ(針に目が残っている場合)

1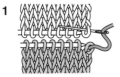
手前側の端の目に裏側から糸を出し、向う側の端の目に針を入れる

2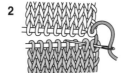
手前側の端の目に戻り、表側から針を入れ、2目めの表側に針を出す

3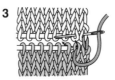
向う側の端の目の表側から針を入れ、2目めの表側に針を出す

4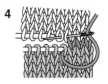
2、3を繰り返す

◎メリヤスはぎ(両方の目が伏止めしてある場合)

1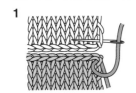
手前側の端の目に糸を出し、向う側の端の目に針を入れる

2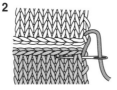
手前側の端の目に戻り、表側から針を入れ、2目めの表側に針を出す

3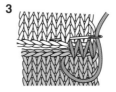
向う側はＶの字の目に、手前側は八の字の目をすくう

◎裏メリヤスはぎ

1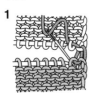
手前側の端の目から向う側の端の目に表側から針を入れ、向う側から手前側の端の目に針を出し、2目めの表側から針を入れる。裏側から向う側の端の目に針を出し、2目めに針を入れて、手前側の2目めに針を出す

2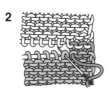
1を繰り返して1目に2回ずつ針を入れて裏目を作る

◎1目ゴム編み止め(輪の場合)

1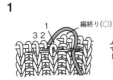
2の目に針を入れ、続けて1と3の目に針を入れる

2
表目をとばして裏目と裏目に針を入れる

3
裏目をとばして表目と表目に針を入れる

4
2、3を繰り返し、最後は1の目に針を入れる

5
○の目と2の目(裏目)に針を入れ、矢印の方向に抜く

6

◎2目ゴム編み止め(往復編みの場合)

1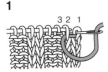
1、2の目の向う側から針を入れ、1の目の手前側から針を入れ、2をとばして3の手前から向う側に針を出す

2
2の目の手前から針を入れ、裏目2目とばして5の目に針を出す

3
3の目の向う側のから針を入れ、4の目の手前から向う側に針を出す

4
5の目の手前から針を入れ、6の目の向う側から手前に針を出す

5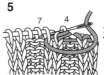
4の目に戻って向う側から針を入れ、2目を飛ばして7の目に手前側から向う側に針を出す

6
2～5を繰り返し、最後は裏目と表目に針を入れて糸を引き抜く

◎目と段のはぎ　※編終りが伏止めてある場合も同じ要領ではぐ

1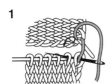
上の段は端の目と2目の間の渡り糸、下の目はメリヤスはぎの要領で針を入れる

2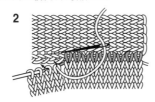
はぎ合わせる目数より段数が多い場合は、ところどころで1目に対して2段すくい、均等にはぐ

◎引抜きとじ

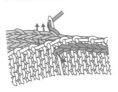
編み地を中表に合わせ、端から1目めと2目めの間に針を入れ、糸をかけてから引き抜く

◎すくいとじ

1目めと2目めの間の渡り糸を1段ずつ交互にすくう。糸を引き締める

かぎ針編みの基礎

編み目記号

○ 鎖編み

いちばん基本になる編み方で、作り目や立上りなどに使う

× 細編み

立上りに鎖1目の高さを持つ編み目。針にかかっている2本のループを一度に引き抜く

T 中長編み

立上りに鎖2目の高さを持つ編み目。針にかかっている3本のループを一度に引き抜く

長編み

立上りに鎖3目の高さを持つ編み目。針に糸をかけ、針にかかっているループを2本ずつ2回引き抜く

三つ巻き長編み目

1. 鎖5目で立ち上がり、針に糸を3回巻き、作り目の2目めをすくい、糸を引き出す
2. 針に糸をかけ、2ループ引き抜くを3回繰り返す
3. 針に糸をかけ、残りの2ループを引き抜く
4. 1目出来上り。1〜3を繰り返す

中長編み3目の玉編み

1. 針に糸をかけ、同じところに未完成の中長編みを3目編む（図は1目め）
2. 針に糸をかけ、一度に引き抜く

中長編み3目の変形玉編み

1. 中長編み3目の玉編みの要領で針に糸をかけ、矢印のように引き抜く
2. 針に糸をかけ、2つのループを一度に引き抜く

※目数が異なる場合も同じ要領で編む

玉ピコット

鎖3目を編み、針を入れて引き抜く

◎すくいとじ

編み地の表側を上にして突き合わせ、編み地の端の目を割って交互にすくう

編み地の段がずれないようにとじ合わせる

サイチカ

ニットデザイナー。文化服装学院卒業。服作りとニットとデザインを学ぶ。子育てを機に、2010年から数々の雑誌や書籍、メーカーなどへのニットデザイン提供を始める。洗練された楽しいオリジナルデザインが好評を得ている。デザインスタジオSAQULAI.Incにてニットディレクターにも携わる。主な著書に『今着たいセーター』『編むのがたのしい、ニット』、兵頭良之子との共著に『二人のワンダフルニット』(すべて文化出版局刊)がある。

ブックデザイン	葉田いづみ
撮影	大段まちこ
	中辻 渉(プロセス)
スタイリング	田中美和子
ヘアメイク	廣瀬瑠美
モデル	モトーラ世理奈
製作協力	田澤育子　徳永ほづみ
	野波ゑみ子
トレース	大楽里美(day studio)
校閲	向井雅子
編集	佐藤周子(リトルバード)
	三角紗綾子(文化出版局)

この本の作品はハマナカ手芸手あみ糸、リッチモア手あみ糸を使用しています。糸については下記へお問い合わせください。

【素材提供】
ハマナカ
〒616-8585
京都市右京区花園藪ノ下町2-3
TEL.075-463-5151 (代表)
www.hamanaka.co.jp
www.richmore.jp

※材料の表記は2018年10月現在のものです。

白い糸で編むセーターの本

2018年11月5日　第1刷発行
2023年9月15日　第3刷発行
著　者　サイチカ
発行者　清木孝悦
発行所　学校法人文化学園 文化出版局
　　　　〒151-8524
　　　　東京都渋谷区代々木3-22-1
　　　　TEL.03-3299-2487(編集)
　　　　TEL.03-3299-2540(営業)
印刷・製本所　株式会社文化カラー印刷

©Chika Sakurai 2018　Printed in Japan
本書の写真、カット及び内容の無断転載を禁じます。

・本書のコピー、スキャン、デジタル化等の無断複製は著作権法上での例外を除き、禁じられています。本書を代行業者等の第三者に依頼してスキャンやデジタル化することは、たとえ個人や家庭内での利用でも著作権法違反になります。
・本書で紹介した作品の全部または一部を商品化、複製頒布、及びコンクールなどの応募作品として出品することは禁じられています。
・撮影状況や印刷により、作品の色は実物と多少異なる場合があります。ご了承ください。

文化出版局のホームページ
https://books.bunka.ac.jp/

『今着たいセーター』

『編むのがたのしい、ニット』

『二人のワンダフルニット』
(兵頭良之子・サイチカ共著)